制度工程学教程

孙绍荣　赵敬华　著

科　学　出　版　社

北　京

内 容 简 介

本书提出了发生行为的三个必要条件：效用、资源、机会。提出制度设计的符号系统"孙氏图"，以及在新的制度分析方法下产生的许多重要发现：没有任何外部性的生产适于自主经营的市场制度；有正外部性的生产，企业的生产规模的自发均衡点偏小，而补贴制度可以使生产规模自发扩大；有负外部性的生产，企业的生产规模的自发均衡点偏大，容易造成资源枯竭，而税收制度可以使其生产规模缩小，从而揭开了高税收国家更容易保护环境这个谜底。对于竞争行为，发现只有两个参与者时竞争最为激烈，而不是人们所认为的竞争参与者越多，竞争越激烈。这说明，允许更多的企业进入市场是治理恶性竞争的有效方法。

本书内容涉及管理学、制度经济学、制度设计等方面的进展，可作为管理学与制度经济学课程的教材，也可供管理干部阅读。

图书在版编目（CIP）数据

制度工程学教程/孙绍荣，赵敬华著. —北京：科学出版社，2018.1
ISBN 978-7-03-055982-1

Ⅰ.①制… Ⅱ.①孙… ②赵… Ⅲ.①企业管理制度-教材 Ⅳ.①F272.9

中国版本图书馆 CIP 数据核字（2017）第 312896 号

责任编辑：兰　鹏　郝　静／责任校对：贾娜娜
责任印制：吴兆东／封面设计：蓝　正

*科学出版社*出版
北京东黄城根北街 16 号
邮政编码：100717
http://www.sciencep.com

北京建宏印刷有限公司 印刷
科学出版社发行　各地新华书店经销

*

2018 年 1 月第 一 版　开本：720×1000　1/16
2018 年 1 月第一次印刷　印张：11 1/2
字数：229 000

定价：**56.00 元**
（如有印装质量问题，我社负责调换）

前　言

　　本教材改编自专著《制度工程学——孙氏图与五种基本制度结构》（科学出版社，2015 年出版，孙绍荣著）。为了普及与推广"制度工程学"的有关成果，把其作为新课程推向本科生与研究生，以适应教学工作的需要。

　　本教材的核心内容，是讲授制度设计图的制图规则与符号系统，即孙氏图，以及通过孙氏图和一个具有符合边际递减规律的"行为回报函数"，对各种制度进行深入而简洁的分析。

　　首先，本教材再现了《制度工程学——孙氏图与五种基本制度结构》中的许多具有实用意义的重要发现：

　　在组织生产时，如果生产行为没有任何外部性，应当优先采用自主经营的市场制度，因为在这种制度下企业生产规模的自发均衡点最优，无须管理成本。

　　生产行为具有正外部性会导致企业生产规模的自发均衡点偏小，达不到最优生产规模。本书认为补贴制度可以使具有正外部性的生产规模自发地扩大。因此，如果要让企业自发地扩大生产规模，就需要实施对企业进行成本补贴的政策。具有正外部性的生产行为包括建设水库、道路和桥梁等基础设施的生产活动等。

　　生产行为具有负外部性会导致企业生产规模的自发均衡点偏大，从而造成资源枯竭。对这个问题，本书认为税收制度可以使具有负外部性的生产规模自发地缩小，从而减轻对资源的消耗。因此，如果要让企业自发地缩小生产规模以保护环境与资源，就必须辅以高税收政策。具有负外部性的生产行为包括大量消耗水、矿、鱼和林等的生产活动，或者一些污染大气、水和土地等的生产活动等。这里一个新的认识是税收的重要作用不在于国民收入再分配而在于减轻人们对资源的过度消耗，从而揭开了"为什么一些高税收国家的自然资源与环境保护做得更好"这个谜底。

　　因此，从政府管理的角度来看，当生产行为具有正外部性或者负外部性时，要么放弃由各企业独立决策的自由市场制度，而采用统一决策的集权管理制度，要么采用自由市场加政策调节的管理制度。

　　这个结论的重要性在于从理论上证明了改善公共产品供给和保护我们赖以生存的地球的根本治理途径在于制度。

　　从各国目前的实际情况来看，对具有外部性的生产行为既有采用统一决策的集权管理制度的，也有采用自由市场加政策调节管理制度的。但在社会系统日益庞大和复杂的情况下，集权管理由于信息传递环节多，失真巨大，指令执行层次多而走样严重，弊端较多。而在自由市场加政策调节的管理制度下，企业自主决策的信息链条较短，反应灵活，如果政府的调节政策落实有力，企业生产规模自发调节就会迅速与社会利益最优点达到一致，因此相对较为成功。

有一些企业的生产行为在不同情况下能够展现不同的外部性。例如，出版和新闻等文化产业的企业，如果其产品是有利于社会发展的（如出版励志的图书或科技含量比较高的图书），则生产行为表现为正的外部性；如果其产品是有害于社会发展的（如出版一些迷信的、色情的图书），则生产行为表现为负的外部性。按照本书的分析，如果让这类企业在一种完全自由的市场中自主决策，则其正外部性的生产行为会努力水平不足，即生产规模偏小，但其负外部性的生产行为却会自发地努力水平过高，即生产规模偏大。因此，对这类企业，要么采用统一决策的集权管理制度，要么对其具有正外部性的生产行为实施政府补贴政策，促使其提高生产规模，对其具有负外部性的生产行为采取高税收政策，压低其盈利空间。

对科研等在本质上就具有正外部性的行为，由于科研成果很容易被仿制（这时就产生了外部性，即科研行为被其他人受益），其自发的努力水平均衡点也比较低。因此，当前各国都采用了科研成果的发明人独占权的保护制度——专利制度。这种制度可以使科研行为在一定时期内不显示明显的外部性（在这个时期内仿制科研成果的行为是违法的），从而使科研行为的自发努力水平均衡点达到最优。问题在于，如果对专利制度的执行不力，仿制活动不能被有效地遏制，人们就会失去科研创新的积极性。

对社会中常见的竞争行为，本书认为竞争最为激烈的情况是只有两个单位参与竞争，而不是人们平时所认为的竞争参与者越多，竞争越激烈。这说明，为了治理恶意打压对手等恶性竞争行为，有效方法是允许更多的企业进入市场，而不是人们通常所认为的设法减少竞争参与者。这个结论不仅解释了"人们为什么在两人竞争时远比多人竞争会更拼命"这一现象，如果把其应用于国际政治方面，其还从理论上证明了多极世界远比两极世界更太平和稳定，其实人们至今还难以忘记"两个超级大国在冷战时期差点把人类带入核战争"的可怕事实。

这些发现，可以为用制度设计来治理人类面临的重大问题（如治理环境污染问题、减少资源消耗问题、和平与稳定问题、减少碳排放问题、提高生产率问题）提供研究方向。

其次，本教材中的制度设计的工程化方法，使制度设计能够像工程设计一样，有图形、有制度部件的选择、有制度效果的计算与比较、有设计方案的优化，从而使制度设计走向可操作化与实用化，能够在管理实践中发挥重要的科学方法作用。

最后，就最基础的理论来说，本教材的一个重要观点是任何行为的发生都必须同时具备三个必要条件，即行为效用（正的行为效用）、行为资源、行为机会。这三个条件，缺一不可。显然，这与传统的经济学理论只关注行为效用的区别是巨大的。另外，交换效用这个概念的提出，也为比较不同类型的收益效用的大小提供了有效方法。

孙绍荣　赵敬华

2017 年 7 月 23 日

目　　录

第1章 制度设计的基本思想

本章通过一系列简单的案例来说明制度是行为管理的重要工具，制度规则与制度执行者是制度的两个基本要素，制度设计的主要任务是优化制度结构或者采用性能更优良的制度部件。

本章教学目标：

- 了解行为管理的两个基本工具；
- 了解制度与文化之间的关系；
- 了解制度的基本要素与制度设计的任务；
- 了解理性人假设与制度下行为的重复性；
- 了解制度下的博弈与一般博弈的区别。

1.1 行为管理的重要工具——文化和制度

人类社会，茫茫历史，长流不息。其实，人类历史就是人的行为史。劳动、学习、研究、建设、战争，无一不是人的行为。

随着社会财富的积累、生活条件的改善，人类种群也不断扩大，当今全球人口数量已经达到 70 亿之巨。但是，尽管数量庞大、行为繁多，人类却能保持配合协调，活动有序。这些，是依靠什么做到的呢？

依靠的是行为管理。

行为管理有两个基本工具：一是文化，二是制度。

1.1.1 文化是行为管理的软约束

文化是行为管理的一个重要工具。例如，传统习俗、生活方式、行为规范和价值观念等都能够对行为起到规范和约束作用。

总体来说，文化（注意本书说的文化只与行为方式与行为取向有关，是一种狭义的文化）是人们对在针对各种情况时应当如何行为的认识，是以意识的形态存在的。在各种具体情况下，文化能够促使人们选择一定的行为，避开另一些行为。例如，人们照顾老人等行为，文化就起着重要的引导作用。文化对人们行为的引导，具有全面、彻底、自愿的特点。但文化对人们行为的改变，是缓慢的、渐进的、模糊的。这是因为，文化本身就有变化缓慢和表现模糊等特点。如果依赖文化来对不良行为进行纠正，需要的时间是很久的。因此，文化是行为管理的一种"软约束"。

此外，尽管文化对人们行为的管理具有根本性，但文化也不是万能的，常常力度有限，范围也有限。例如，人们在对待自己的亲人时，常常表现出奉献的一面，能够自觉地舍弃个人利益去帮助他们，这显然是文化起了很大的作用。但是，人们在处理与其他社会成员的利益冲突时，就往往表现出自私自利的一面。这时，为了公正地协调社会成员之间的利益，仅仅依靠文化来引导，其作用非常有限，制度的作用就显现出来了。

1.1.2　制度是行为管理的硬约束

制度是行为管理的另一个重要工具。国有国法，家有家规，单位亦有规章制度。如果把行为规范（如应当做什么，不应当做什么，在遇到特定情况时应当如何等）与对行为的处理规则（即针对被管理者的行为，管理者改变其行为回报、行为资源、行为机会和行为成本等的规则）明确化、条理化，就形成了制度规则；如果再指定具体的执行者执行这些制度规则，就形成了管理制度。人们在管理制度下对行为进行选择时，能够明确地感受到制度的制约。因此，制度是行为管理的一种"硬约束"。

为了说明制度在行为管理方面的重要性，这里给读者讲一个小群体在吃饭时分粥的故事[①]，说的是由七个人组成的小组，每天吃饭时这七个人要分一大桶粥。但这粥并不多，有点不够吃。

最初，他们决定由每个人轮流分粥。其结果是每个人都只在自己分粥的那一天是饱的。

后来，他们推选出一个大家认为是"道德高尚"的人专门负责分粥。结果是权力产生腐败，大家都设法贿赂他。一开始还好，他尚能够凭着"不辜负大家的信任"的观念"秉公分粥"。但时间一长，他终于守不住"道德的底线"，"不平粥"事件频出。

为了制约"分粥者"的权力，有人提议建立议会制度，于是成立了由三个人组成的"分粥委员会"和由四个人组成的"评粥委员会"，结果两个"委员会"互相攻击，不断扯皮。问题是，如果这两个"委员会"之间斗争真的是为了"公平分粥"也就罢了，不幸的是，他们各自还形成了利益群体，为了自己小团体的利益与面子，争斗得十分激烈。"分粥方案"起草了一稿又一稿，讨论了又讨论，推

---

① 此故事摘自：王兴康. 2004. 分粥故事的启示[J]. 杭州金融研修学院学报，（1）：54，本书有修改。

翻了又推翻，等到大家都饿得无力再战，投票通过"分粥方案"后，粥全都凉了，害得好几人都闹起了胃病。

经过长时间艰苦探索，最后他们研究出一项新的"分粥制度"："分粥者最后拿粥"，也就是分粥的人必须等其他人都挑完后才能拿剩下的最后一碗。这样一来，分粥的人为了避免给自己留下的那碗粥是最少的，就特别认真地把每份都尽量分得平均。从此以后，大家和和气气，快快乐乐，一切矛盾都没有了。

可见，人还是这些人，事还是这个事（分粥），却由于制度不同，其结果完全不同。

上述只是一个虚拟的例子，下面则给出一个真实的案例。

中国开始改革开放之前，是所谓的"吃大锅饭的时代"，多劳不多得，少劳不少得，人们由于缺乏激励而劳动积极性低下。安徽省凤阳县人均年口粮只有 150 千克，人均年收入仅 50 元。由于生产上不去，生产队的干部换得频繁，凤阳县小岗村生产队仅 17 个男劳力，都先后当过生产队长或副队长。由于换队长一般发生在秋季结算发现产量太低时，被当地百姓戏称为"算盘响，换队长"。

1978 年春天，安徽天长县新街公社遭遇大旱，棉花苗面临枯死，人们遇到了前所未有的危机。为求生存，公社把棉花包产到户，公开宣布"超产奖励，减产赔偿"。由于明确了"多干多得"的分配制度，为了抗旱保苗，社员们甚至连洗脸水都用来浇棉花。结果，明明是一个大旱之年，棉花亩产却较上年增产了九成。

由此不难看出，"设计一个好的制度"在管理方面的重要意义。其实，制度设计具有重要的基础性与广泛的应用性，凡是有人有组织的地方，都有制度存在。

1.1.3　文化与制度之间的关系

作为现代社会中的行为管理，文化与制度相互补充，两者不可偏废。

从各自的特点角度来看，两者有异有同。

其相同点在于，从各自的构成要素来看，两者都是由两种因素构成的：一是都具有一定的行为规则，这些规则指导人们在各种情况下应当如何做事等，即在各种情况下选择恰当的行为；二是都具有促使人们遵守这些行为规则的"执行者"。

其差异在于，从行为规则来看，文化所表现的行为规则比较模糊和原则化，而制度所给出的行为规则相对明确和具体化；从对行为进行约束的"执行者"角度来看，文化的执行者具有不确定性：有时是表现为"自觉遵守"，有时是表现为受他人的影响而"被迫遵守"，而这个"他人"是谁也非常不确定：有时是朋友，有时是家人，有时是邻居，等等，而制度的执行者则相对确定，常常有专门的机构来促使人们遵守制度规定的行为规则。

从对行为管理的作用来看，两者正好是相互补充的。

利用文化对行为进行管理，具有全面、彻底的优点，不需要进行监督和采用措施整治。但文化对人们行为的改变却缓慢而模糊，而且文化的惯性很大，一旦形成，非常不容易改变，难以马上用于有具体目标的行为管理。

利用制度对行为进行管理，见效快，要求明确。但缺乏文化支持的制度，其效果往往是不良的。

第一，文化会影响人们对行为的评价。例如，对"治理腐败行为的制度"，制度设计者常常采用"群众监督"和"群众举报"来观测官员的腐败行为，以便及时地对腐败行为进行打击。但是，如果大家都认为"当官捞点好处是自然的"，则对腐败行为的厌恶感会大大降低，这时，依靠"群众举报"来观测腐败行为的制度效果也会大大降低。

同样的制度，在不同的文化环境下，效果可能会大不相同。例如，同样的选举制度，在一些地区的推行效果很好，大家能够"秉公投票"，选出"德才兼备"的干部来为大家做事；但在另一些地区，则"贿选"事件层出不穷。在这个问题上，如果文化环境好，大家都"不吃贿选这一套"，选举制度的效果就好；反之，如果大家都持"选谁都无所谓，谁给我好处我就选谁"的想法，"贿选"就会大行其道，在这种情况下，所谓的"民主选举"还不如"上级考查"更靠谱一些。

第二，几乎所有的制度都是有漏洞的，设计一个完全没有漏洞的制度非常难。因此，制度只有在文化的配合下，才会收到良好的效果。对那些管理者"看不见的行为"和"虽然看见了但鞭长莫及无法采取措施进行管理的行为"，制度是无能为力的。实际上，恰恰是因为良好文化对那些管理者"看不见的行为"和"无法采取措施进行管理的行为"起着管理作用，才使人们能够在"制度管理不到的范围"，仍然"自觉"地遵守制度的要求。

第三，选用什么样的制度或者说大家执行什么样的制度，也往往是文化取向所决定的。从这个意义上说，如果没有文化的支持，任何制度都不会生效。

反之，单纯地依赖文化对行为进行管理，效果也是不良的。即使有一个非常好的并且深入人心的文化，人们做事都很自觉地遵守文化规范，但由于文化对行为管理的模糊性，仍然难以实现大家的行为相互配合有序的状态。例如，如果没有红绿灯的管理，在十字路口，即使司机都"道德高尚"得没人争道，大家都等待对方先行，这种交通仍然是没有效率的。

因此，可以说文化滋养行为，制度决定行为，两者的相互配合才能实现人类社会的行为有序。

1.2　制度的基本要素与制度设计的任务

1.2.1　制度的基本要素

制度规则与制度执行者是制度的两个基本要素，缺少任何一个，都不是完整的有效的制度。

也许有人会问，制度到底是什么？制度到底在哪里？在什么地方能够"看到制度"？

要判断某种制度是否存在，一要看是否存在相应的制度规则，二要看是否存在该制度规则的具体执行者。

与文化一样，制度规则存在于人们的脑海里，或者说存在于人们的意识中，是人们用思想构造出的行为管理工具。

例如，在社会组织中存在着上下级的关系，下级对一些非常规事项，会向上级汇报以听取上级的指示。出现这些做法，是因为人们具有"遇到情况时应当请示上级"的意识。这种意识其实就是对组织中的制度规则的认识。

常常有人说，制度规则存在于组织中的规章、通知或条文中。的确，为了统一众多个体对制度规则认识的不一致性，常常需要把制度规则清晰明确地表达出来，这就有了各种规章，如"通知""办法"等文件。但是，这些规章与条文，只是制度规则的一种外在表现形式，是为了让人们"知道"和"记住"制度规则而"明确地写出来的东西"。从根本上讲，制度规则只有存在于人们的意识中，才能得到执行。

1.1.2 节中讲到的"分粥"与"包产到户，超产奖励，减产赔偿"的例子，反映的都是制度规则的重要性。

制度执行者，主要是各种管理机构和相应的设备，其中，管理机构称为制度的人力执行者，设备则称为制度的物质执行者。企业中的各种管理部门，政府里的各种机关，都是制度执行者中的人力部分；执行制度过程中所需的器材，则是制度执行者中的物质部分。

在本书第 5 章内容中可以看到，从采用孙氏图对制度进行科学分析的角度来看，制度只有两个要素，即制度结构与制度部件。制度结构与制度部件共同决定了制度参数。通过对制度参数的计算，可以得出评价制度效果的指标。

本章作为引导，从人们通常对制度的理解角度，把制度分为制度规则与制度执行者。如果考虑这两种分类之间的对应关系，则是制度规则决定了制度结构，有时也能决定制度部件的性能（这时，其实这些制度规则是制度部件的内部规则，许多制度部件本身就是一个"小制度"）；制度执行者（包括机构与设备）则决定了制度部件的性能。

实际上，只有制度规则是合理的，并且制度执行者的执行能力是强的，这种制度才是有效的。

例 1.1　交通管理制度中的设备的发展

制度是由制度规则与制度执行者构成的。当前，在世界各国，交通管理制度之所以都能够很好地实行，主要是制度执行者比较有效。在制度执行者中，除了交通警察这一专门的执行队伍之外，相关设备的发展也起到重要的作用。

首先，指挥交通的命令传递设备有了很大的进步。早期的交通管理，主要依靠交通警察的手势，但警察手势的可视距离小，不同命令手势的区别程度较差，导致司机经常误解。1868 年，世界上第一盏交通信号灯（煤气灯）正式投入使用，由一位警察手动转换红绿两色：红灯停，绿灯行。随后，交通信号灯在相当长的时间内都是由警察手动控制开关操纵的电灯。如今，交通信号灯的红绿灯转换都是通过电脑事先设定好的，如果遇到特殊情况，现场的值勤交警还可以使用遥控器遥控交通信号灯。

其次，对不遵守交通规则的违规行为的观测有了很大的进步。以前对各种车辆违规行为的观测，都是依靠交通警察肉眼观察，这样对违规行为的判断人为性强，取证难，而且许多违规行为难以判断（如超速行驶，靠目测很难判断）；目前通过摄像头录像，车速、车牌号码、行驶路线和是否闯红灯等全部记录在案。可见，设备的进步，使交通管理制度成为非常有效的制度（图 1-1）。

图 1-1　交通管理制度中车辆违规行为的观测器（设备部分）——摄像头

例 1.2　高考制度中的制度规则与制度执行者

中国的"普通高等学校招生全国统一考试"制度，简称高考制度，决定了一代又一代人的发展前途。该制度同样是由制度规则与制度执行者组成的。

高考制度的规则是考试与录取规则，制度执行者中的组织机构是高考管理机构（各省的教育考试院）与监考队伍，制度执行者中的设备是高考报名和成绩查询与录取的网络系统，以及观测考试纪律情况的摄像头系统、防止电子作弊的信号屏蔽设备等。这些规则与队伍及设备，保证了高考制度的公平性。

例 1.3　工资制度

某单位办公室员工的工资制度中，制度规则是员工的出勤天数×岗位系数＝工资总额。制度执行者中的机构和人员是单位的人力资源部和办公室主任。其中，办公室主任负责记录每位员工的出勤情况（在本书的第 3 章中将看到，办公室主任的角色其实是制度中的"观测器"），人力资源部负责制定工资发放表。

不久，一些员工向领导反映办公室主任在记录出勤情况时"因人而记"：一些与他关系好的员工，明明迟到很长时间，他也按准时上班记录；平时与他有矛盾的员工，只要迟到几分钟，都常常被夸大记录成迟到半小时。由于公布出勤情况都是在月底，一些员工发现被"冤记"后找到领导，却常常因时间长了无法举证。为此，大家的矛盾越来越深。

为了解决这个问题，领导决定"以设备代替人"来记录出勤情况，采用磁卡式考勤机，让每位员工上班时自己"刷卡"作为上班时间的凭证。这样，"出勤记录的人为性"问题终于解决了。

但时间一长，新的问题又出现了：一些蓄意迟到的员工常常把磁卡交给别人代替自己打卡，即"虚假打卡"，导致"机器做出虚假出勤记录"。

最近，随着技术的进步，出现了通过识别员工指纹和"人脸"来记录出勤情况的考勤机，"虚假打卡"现象也成了历史。

这个例子充分说明了设备在制度中的作用，而以往制度研究中的"见人不见物"的倾向（即忽视开发先进设备来改善制度效果的倾向），应当大力纠正。

1.2.2　制度设计的任务

制度设计的任务由两部分组成：优化制度结构和采用性能更优良的制度部件。

制度是由制度部件按一定的连接关系形成的结构。一般来说，制度结构不同，或者相同结构的制度但采用的制度部件的性能不同，则制度效果也会不同。因此，制度设计主要有两方面的任务：优化制度结构和采用性能更优良的制度部件。

在制度设计时，首先需要对原制度进行诊断性分析，寻找制度不良的原因，看其到底是制度结构不合理造成的，还是制度部件的性能不良造成的。

　　如果是制度结构不合理造成的制度不良，则重新设计其结构，这是通过分析制度的孙氏图来实现的。孙氏图是描述制度结构的一种符号结构，类似于电路设计中采用的电路图。孙氏图的具体符号与规则，将在第 6 章介绍。

　　制度部件，如同电路设计中的电子部件，必须是现实中存在的。也就是说，人们只能从现实中选择性能良好的制度部件来使用。当然，制度部件本身也是可设计的，但这种设计，必须是建立在实践中可行（如具有一定资源条件保证能够实现）的基础上。因此，总结当前在现实中已经存在的制度部件、比较其性能，以及设计性能更好的制度部件，也是制度设计的重要任务。

　　需要注意的是，制度部件在许多情况下都是组成大制度的"小制度"。因此，制度部件常常也是由规则和执行规则的机构与装备组成的，只有机构和装备常常构不成真正意义上的"制度部件"。例如，"等级工资"是制度中的行为"促进器"，对行为管理制度来说，它是一种制度部件，但它也是由规则和执行该规则的机构与装备构成的。

　　本书的第 3～第 5 章将分别对各种常用的制度部件进行介绍。

1.3　理性人假设与制度下行为的重复性

　　作为被管理者的个体，在制度下如何行为，是理性占主导还是非理性占主导，是制度设计必须要解决的问题。

1.3.1　理性人与非理性人

　　理性人假设（hypothesis of rational man）是制度设计的前提。

　　理性人假设，是指人们能够准确地判断不同方案的实际效用，并且能够根据判断结果准确地选择效用最大的行为。

　　经济学和管理学中的绝大多数理论，都是建立在理性人假设之上的，如市场均衡理论和哈丁的公地悲剧理论等。但自从卡尼曼等的前景理论获得诺贝尔经济学奖之后，人性的非理性假设开始流行。

　　非理性人假设（hypothesis of irrational man），简单地说就是认为人们不能准确地判断不同行为的实际效用，因此行为选择"常常出错"。支持卡尼曼等的非理性假设的，是对大学生的一系列经济行为实验，发现人们对经济方案的选择在很大程度上依赖于这些经济方案的表达方式，并不与其实际效用相关。而且人们对经济方案的选择，常常有很大的分歧，同一个人也常常表现出很强的不一致性。

1.3.2　制度下行为的重复性使理性人假设成为制度设计的基础

本书认为，尽管非理性行为在日常生活中大量存在，但其发生却是有条件的，并不是人们占主导的行为方式。实际上，人们发生非理性行为大多是在思考时间不充分、初次遇到没有经验的情况下，或者信息不完全导致无法准确判断等条件下。反之，只要对所遇到的方案思考时间充分、对所遇到的情况有充分的经验、信息准确和完全，人们在多数情况下都会准确地选择效用最大的行为，从而表现出很强的理性。

而制度与具体的"上级命令"或"行政干预"等的主要区别，在于制度具有普遍适用性和稳定性。制度是为社会角色制定的，不会为一个特定的人制定制度。制度是为了规范人们不断重复的行为而制定的，不会为只发生一次的行为制定制度。而对制度管理对象的人来说，只要是不断重复的行为而不是一次性的行为，他总会渐渐地从没有经验变得有经验，总会从不掌握全面信息渐渐变得掌握全面的信息。可见，人们在制度下对行为效用的判断基本上是准确的。制度管理下的人，在性质上主要是理性人而不是非理性人。因此，被管理者在给定制度下的行为选择是确定的，是可预测的。改变制度结构与参数，就能够改变制度所管理的人的行为，这就是制度设计的意义所在。

需要注意的是，制度管理下的人，只能说主要是理性人，但不能说全部都是理性人。对制度管理的一个真实的群体来说，其中的各个个体在理性与非理性方面必定会存在很大差异。正是这个原因，读者从本书的第 7 章、第 9 章、第 10 章将看到，在利用孙氏图与数学模型来分析制度对个体行为的影响时，是以纯粹的理性人为基础的。但在第 8 章分析制度对群体行为的影响时，则用"行为概率"来综合表现群体中的理性与非理性，得出的结论都是概率性的而非确定性的。

1.3.3　全面的理性人概念与传统的理性人概念的区别

本书对人性的假设是"全面的理性人"，这与传统经济学的"理性人"概念是有一定区别的。

传统经济学中的"理性人"也常常被称为"经济人"，指其判断事物的标准是经济收益，即"追求经济利益最大化"。换句话说，传统经济学中的"理性人"对事物的判断标准十分单一，除了经济收益之外再无其他。

本书所定义的"理性人"，对事物的判断标准是综合的，既有追求"经济收益"的方面，还有追求"社会性收益"的方面，如追求提高社会地位、提高声誉，追求"心理宽慰"等。这些都是判断行为效用时需要考虑的因素。事实上，在行为管理中，一些非经济的奖励与惩罚也是常常使用的，如提升有功人员的职务职级，降低有过错人员的职务职级，对行为得当的人员进行通报表扬和对行为失当的人员进行通报批评等。

因此，准确地说，本书的理性人概念是指"全面的理性人"，这种"理性人"既追求经济收益，也追求非经济收益，与经济学中的"理性人"是有一定区别的。

1.4　制度下的博弈与一般博弈的区别

个体在制度下选择对自己最有利的行为，在本质上实际是与制度进行博弈。但与一般意义上的博弈不同，个体在制度下的博弈有许多独有的特征。

第一，制度的博弈行为是策略型的而个体的博弈行为则是单纯的。在制度下，个体在与制度进行博弈时，制度的博弈行为是策略型的，表现为一种"反应规则"，即"如果个体行为为 a，则制度的行为为 A"，"如果个体的行为为 b，则制度的行为为 B"。例如，某公司工资制度的博弈行为是"如果求职者高学历，给予高工资；如果低学历，则给予低工资"。这样，个体就可以根据制度的策略，来选择自己的策略。

作为制度下被管理者的个体，其博弈行为则是单纯的。如上例，在制度带有"如果"条件的策略下，个体的行为最好是选择"多读书"以提高学历。

第二，制度的存在表现为"公布承诺"和"兑现承诺"。从被管理者的角度来看，制度的博弈行为表现为一种"公布承诺"和"兑现承诺"，即是一种"如果个体选择 X 行为，制度将选择 Y 行为"。例如，交通制度规定不能"闯红灯"，一定会向公众公布"如果闯红灯，则驾驶证记 6 分，罚款 600 元"。同时，还会公布"如果不闯红灯，则可以正常通行"。这样，个体根据制度的承诺，一般会选择"不闯红灯"这个行为。

当然，要想让个体服从制度的管理，制度的这些承诺必须是"可信的"。一般地说，制度承诺的可信性来自两个方面：一是执行制度的条件（如队伍和设备等）充分；二是个体经验中对制度的认识，即该制度以往在兑现承诺方面的可信性。

第三，个体先选择行为制度后兑现承诺。在制度下，作为被管理者的个体先观察制度的承诺，然后再结合其他因素选择自己的行为；制度则观察个体的行为，然后再根据事先规定的规则（即承诺）选择相应的行为来兑现承诺。

个体与制度的博弈，总体来说，就是个体的博弈对手的反应规则相对固定，这种相对固定的反应规则就是制度存在的表现。在这种制度环境下，个体可以通过行为选择来实现自己的最大效用。显然，这种只有一方可以自由选择行为的博弈，与一般的双方都可在"行为集"中自由选择行为的博弈是不同的。

由于制度下的博弈存在上述特点，可以看出，只有在制度设计时，才对制度的博弈策略真正有灵活选择的空间。而一旦制度被投入实际使用后，制度对个体的反应规则就不能随意变动。因此，制度设计必须慎重。在确定制度设计方案之前，需要对个体的行为进行科学的预测。只有这样，才能设计出效果良好的制度，保证个体能够选择与制度目标相一致的行为。

习　　题

1. 描述一下你所理解的行为概念。
2. 什么是制度？举例说明。
3. 试述文化与制度的关系及两者的重要性。
4. 制度博弈与一般博弈的区别是什么？
5. 什么是理性人？什么是非理性人？
6. 什么是全面的理性人？
7. 试说明制度在管理实践中的重要性。
8. 与文化相比，制度有哪些特点？

第 2 章　行为三条件与行为管理五措施

任何行为的发生，都必须具备三个条件——行为效用、行为资源和行为机会。而制度设计者在考虑影响被管理者的行为时，共有五种措施可以考虑：控制行为资源措施、控制行为回报措施、控制行为成本措施、控制行为机会措施和改变观测力度措施。

本章教学目标：
- 了解行为的三个必要条件；
- 了解行为管理的五种基本措施；
- 了解制度设计者在使用回报措施时的注意事项。

2.1　行为的三个必要条件

行为的三个必要条件，分别是行为效用（指正的行为效用，在行为者为理性人的情况下，只有能够带来正效用的行为才有可能发生）、行为资源和行为机会。这三个条件，缺少任何一个，都会导致行为无法发生。与传统的经济学理论中只关注行为效用不同，发生任何行为都必须同时具备三个条件，是本书提出的一个重要观点。

可以把行为的三个必要条件用函数关系来表达为 $e = f(u \wedge \mathrm{res} \wedge \mathrm{opp})$。式中，$e$ 为行为的努力水平；$f(\cdot)$ 为递增型函数；u 为行为的正效用；res 为行为资源；opp 为行为机会；$\wedge$ 为逻辑运算符号，表示其左右两边元素必须都存在，或者取其左右两边元素的最小值。

2.1.1　行为效用

粗略地说，行为效用指个体选择并且实现该行为后给自己带来的能够满足自己需求的"好处"。当然，如果一些行为给自己带来的是"坏处"，则可以理解为该行为效用是"负的"。

毫无疑问，当个体在许多行为中选择其中一种行为时，行为效用是主要的考虑因素。人们在饥饿时寻找食物，在寒冷时增加衣服，这些都是在选择行为时优先考虑行为效用的表现。

本书假设行为者是风险中性的，这样行为效用可以直接用行为效益（如经济效益）来表示。在这种情况下，行为效用 u 可以看作两个因素的差：一是行为回报 r；二是行为成本 c，即 $u = r - c$。

在管理学或经济学理论中，对行为影响因素的研究，几乎全部集中在效用方面。例如，亚伯拉罕·哈罗德·马斯洛（Abraham Harold Maslow）的需要层次论（hierarchy of needs theory），认为只有尚未满足的需要能够影响行为，提出每个人都有五个层次的需要：生理的需要、安全的需要、社交或情感的需要、尊重的需要和自我实现的需要。弗雷德里克·赫茨伯格（Frederick Herzberg）的"保健-激励理论"（motivation-hygiene theory），认为影响人们行为的因素主要有两类：保健因素和激励因素。其中，保健因素是能够消除人们"不满情绪"的因素，激励因素是能够给人们带来"满意情绪"的因素。V.弗鲁姆（Victor Vroom）的期望理论（expectancy theory），认为只有当人们预期到某一行为能带来有吸引力的结果时，才会选择该行为。斯金纳（Skinner）的强化理论（reinforcement theory）认为人的行为是所受刺激的函数。如果某行为带来的刺激对其有利，则这种行为就会重复出现；若带来的刺激对其不利，则这种行为就会减弱直至消失。

甚至关于行为管理的一些最新进展，如里奥尼德·赫维茨（Leonid Hurwicz）等提出的机制设计理论，特别是其中的激励相容原理等，也是基于行为效用的。

在管理实践中，行为效用也受到了相当的重视。例如，对薪酬的研究和设计，实质上也是通过改变行为效用，来促使员工努力工作（即促进员工选择"努力工作"这个行为）。

由上述内容可以看出，传统的行为管理研究，都只把行为效用当作能够影响行为的变量。

但是，全面地看影响人们行为的因素，除了传统的研究最多的"行为效用"之外，还有"行为资源"和"行为机会"这两个因素。

2.1.2　行为资源

行为资源指人们在行为过程中需要消耗的事物。例如，无论什么行为，都需要占用一定的时间，因此，时间是人们在所有行为过程中都需要的资源，这也是人们无法在同一时间内进行太多行为的一个重要原因。再如，从事科研行为，除了需要占用时间之外，还需要一定的资金来购买设备与材料，因此，资金也是一种常用的行为资源。在现代的商品社会中，资金这个行为资源带有一定的通用性，因为许多行为资源都可以用资金来交换。

2.1.3　行为机会

行为机会是除了行为效用和行为资源之外的环境因素，它决定了行为发生的可能性。如果行为者在主观上选择了某行为，并且该行为资源完全具备，则客观上该行为能够发生的概率，即为该行为机会的大小。

例如，对一个一心想抓小偷立功的警察，如果其工作环境中接触的都是一些行为良好的人，遇到小偷的机会很少，则"抓小偷"这个行为的机会比较小。

再如，在中国"文化大革命"期间，取消了高考制度，因此，对当时的青年人来说，发生"考大学"这个行为的可能性为零。

2.2　行为管理的五种措施

由上可见，行为者要进行任何行为都必须同时具有三个条件：行为资源、行为效用和行为机会。其中，行为效用是由行为回报与行为成本构成的。

因此，作为制度设计者，在拟通过各种措施影响被管理者的行为时，共有五种措施可以考虑：控制行为资源措施、控制行为回报措施、控制行为成本措施、控制行为机会措施和改变观测力度措施。其中，前四种措施分别针对行为的三个条件（其中，行为效用条件可分为行为回报与行为成本两个因素），而改变观测力度措施则是一个通用措施，可以分别与其余四类措施组合使用。

需要注意的是，这些措施虽然在性质上属于管理手段，但却常常受到技术与物质条件的影响。例如，奖励措施要求管理者具有一定的财力与物力，行为成本措施往往与技术手段相关等。

2.2.1　控制行为回报措施

1. 控制行为回报措施的概念

控制行为回报措施是通过改变行为者的行为回报，来改变行为者的行为选择倾向的一种管理措施。即当管理者提倡某行为时，就对选择该行为者给予正回报；当管理者反对某行为时，就对选择该行为者给予负回报。

行为回报，可以分为自然回报与管理者给予的回报。前者常见的如经营利润和社会声誉等，后者常见的如工资、奖金与罚金及提升或降低职务等。管理者给予的回报简称为管理回报。

从古到今，控制行为回报措施在行为管理中是最常用的。

例 2.1　高薪养廉制度

一些国家为了治理官员的腐败行为，采用了"高薪养廉"制度，即大幅度提高官员的薪水。这种方法的实质是采取了对腐败行为加大其负回报的控制行为回报措施：官员的腐败行为如果被观测到，不仅受到行政处罚，而且还要丢失高薪。这样就使腐败行为的负回报加大，以此来促使官员避免腐败行为。

2. 行为回报的类型

一般地说，有多少行为回报的类型，就有多少控制行为回报措施的类型。行为回报主要有如下几种类型。

1）经济收益型回报，如奖金、罚金和工资等。这种回报能够满足人们对改善生活条件的需要。针对这种回报的控制行为回报措施使用最为广泛。

2）声誉与地位回报，如表扬、批评、提职和降职等。这种回报能够满足人们对社会地位与社会声誉的需要。

3）观念与情感回报，这种回报能够满足人们对实现其观念或情感的需要。观念回报产生于人们对公平与正义或道德等观念的追求，如救助弱者和惩罚坏人等。这种回报有一个特点，就是他人（有时也包括自己）的一些情况发生后，能够使具有这类观念的人感受到"回报"。例如，听说坏人受到了惩罚，人们往往感到开心，这可以看作是法律制度给予了大众正回报；当看到弱者生活艰难而没有受到救助时，人们常常感到不安，这可以看作是相关制度不完善给大众造成的负回报。

再如，当歹徒劫持人质时，政府或民众会牺牲自己的一些利益去营救（如向歹徒提供一定的物质利益以换取人质的获释等），也是观念回报促使政府或民众这样做的。

情感回报产生于人们对关系密切者的责任与情感中。例如，出于这种责任与情感，人们常常会为子女、下属、朋友和国家等争取利益。如果关系密切者得到了某种好处，人们就会感受到正回报。反之，如果关系密切者受到了某种损失，人们就会感受到负回报。这种回报也具有"他人的情况变化能够使自己感受到回报"的特点。

同样的道理，对敌对者的一些复仇行为，虽然自己常常也遭受了损失，但只要给敌方带来损失，人们也会有一种畅快感，这也是情感回报在起作用。

2.2.2　控制行为资源措施

控制行为资源措施是通过改变行为者在进行某行为时需要的资源，来改变行为者的行为选择的一种管理措施。即当管理者提倡某行为时，就为该行为提供资源；当管理者反对某行为时，就对该行为剥夺资源。

例 2.2　国家自然科学基金的作用是对提倡行为提供资源

为了促进基础科学研究这一提倡行为，国家自然科学基金委员会每年都会择优支持一批科学研究项目，这种做法的实质是为了提高全国的基础科学研究水平，为进行基础科学研究这一提倡行为提供一定的资源。

例 2.3　助学金入饭卡制度整治大学生酗酒

某大学曾一度发现许多学生在校内饮酒，造成出事和影响学习等不良后果，于是学校明文规定"禁止学生喝酒"。但是不久，学校发现这种规定形同虚设，根本不能解决学生喝酒的问题。一些大学生用助学金喝酒，钱用完就向同学和老师借。后来，学校把助学金直接打入学生的饭卡中，饭卡只能在学校食堂吃饭时使用，钱不能从饭卡中取出。结果，大学生喝酒的现象大为减少。

在这个例子中，整治大学生喝酒的措施，实质上就是取消了学生的不良行为（"喝酒"行为）的资源——现金，因为饭卡上的"钱"是无法在学校食堂以外的商店中使用的，而学校食堂是没有酒出售的。这就造成学生"有钱吃饭无钱喝酒"，从而有效地遏制了"喝酒"这种不良行为。

在使用控制行为资源措施时，要注意其准确性，即要注意让所提供的资源能够准确地使行为者用在提倡行为上，而不是用在其他行为上。

2.2.3　控制行为成本措施

控制行为成本措施是通过改变行为成本，来改变行为者的行为选择的一种管理措施。即当管理者提倡某行为时，就设法降低该行为的成本；当管理者反对某行为时，就设法提高该行为的成本。例如，对国外进口的商品征收关税，其目的是提高人们购买国外商品行为的成本，以此来保护本国的工业。

2.2.4　控制行为机会措施

控制行为机会措施是通过改变行为机会，来改变行为者的行为选择的一种管理措施。即当管理者提倡某行为时，就设法为该行为提供机会；当管理者反对某行为时，就设法减少该行为的机会。

实际上，人们常说的"机会成本"包括了两种情况：一是因为失去机会而造成的损失，如因选择脱产学习而失去在工作单位被提拔的可能性等；二是因为资源限制而无法再选择相关行为。例如，选择投资股票，可能就因为资金有限而无法再选择投资黄金，从而失去了从黄金涨价中获利的可能性。

上述两种情况中，第一种情况属于控制行为机会措施的效果，而第二种则实际上是资源制约了行为，在性质上类似于控制行为资源措施的效果。

　　控制行为机会措施在管理实践中也经常使用。例如，让学生参加一些有益的社会活动，就会使学生上网吧的可利用时间大为减少，从而大大减少了"泡网吧"等不良行为。

　　例 2.4　改革票制治理"近途票远乘问题"

　　某市在公共汽车运营过程中，常常发现有乘客用"远途买近途票"来占小便宜，损害了公交系统的营业收入。乘客会有这种行为，其重要原因是在客观上存在着按不同里程区分价格等级的"等级票制"，从而造成一些远途乘客有采取"买近途票"这个行为的机会。后来，该市的公共汽车一律实行"票价不分远近，一律 2 元"的新票制，这就在客观上取消了"买近途票"的机会，从而彻底消除了"远途客买近途票"这种不良行为。

2.2.5　改变观测力度措施

　　改变观测力度措施是通过提高对行为的观测力度，使行为受到管理措施作用的概率变大，来促使行为者选择提倡行为，避开不良行为的一种管理措施。

　　与其他措施不同的是，改变观测力度措施一般不单独使用，常常与其他措施配合使用。此外，与一般的措施不同点还在于，改变观测力度措施与设备的关系更为密切。

　　例 2.5　技术设备促进改变观测力度措施——电脑管理治理窃煤行为

　　多年来，值勤人员"收黑钱放黑车"问题，一直困扰山西省公路出境煤炭管理部门。这个问题直接导致资金的大量流失。而 1998 年，这个问题则由于采用电脑管理系统而解决。

　　这套系统由电子监视系统、电子货币系统组成，所有的出境车辆均由电脑自动记录，并显示其重量。管理站不再收取现金，而是采用磁卡刷卡方式，从而实现了管理人员与现金的分离。

　　采用这套系统之后，有效地遏制了各种窃煤现象，仅山西省东阳关煤焦管理站一个月，就比以往多收煤款 911 万元（段世文，1998）。

　　简评：

　　这是个通过采用设备提高改变观测力度效果的措施，从而有效地治理了值勤人员"收黑钱放黑车"这种不提倡行为的问题。值勤人员"收黑钱放黑车"问题，之所以难治理，主要是改变观测力度措施没有很好地实施。而电脑监视系统和磁卡收费系统的使用，使"收黑钱放黑车"现象的监测做到了极其准确，所以有关人员再也无法通过损公肥私捞好处了。

　　此例说明，在寻找好的改变观测力度措施方面，设备的作用不可忽视，要十分重视其开发和利用。

例 2.6 烧砖刻名——明朝防豆腐渣工程的办法

明朝洪武五年间（1372 年），长沙守御指挥使邱广，采用窑砖修补城墙，他要求人们在窑砖上刻上制作年份和制作者，这样，如果窑砖出了质量问题，可以立即查到责任者（高芳，2011）。

简评：

这种烧砖刻名的方法，是利用规定行为规则来形成观测措施的。在产品上刻上制作者的名字的观测措施，一直沿用至今。

2.2.6 行为三条件与行为管理五措施的关系图

行为三条件与行为管理五措施之间的总体关系如图 2-1 所示。

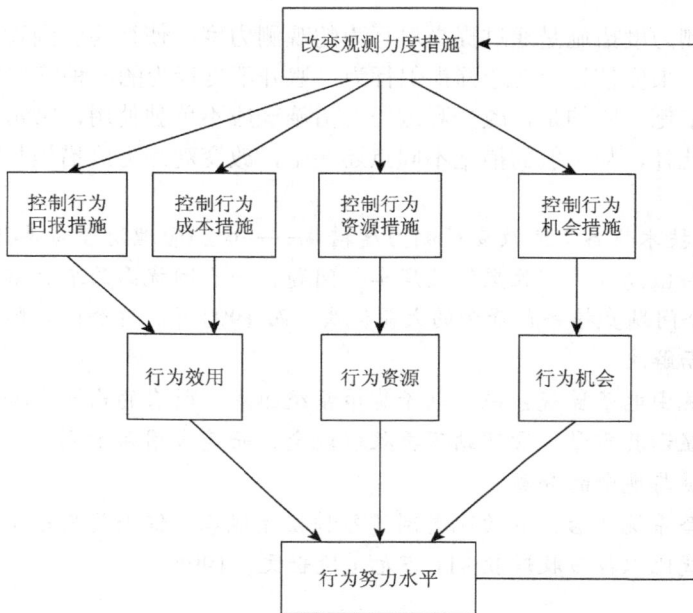

图 2-1 行为三条件与行为管理五措施总体关系图

由图 2-1 可以看出，改变观测力度措施为其他措施提供操作依据。控制行为回报措施与控制行为成本措施可以改变行为效用，控制行为资源措施改变行为资源，控制行为机会措施改变行为机会。行为效用、行为资源、行为机会这三个条件决定了行为能否发生与行为的努力水平。

2.3　制度设计者在使用回报措施时的注意事项

与其他四种措施相比，控制行为回报措施在管理实践中应用广泛，种类繁多，在使用过程中出现的问题也很多。因此，本节专门分析使用控制行为回报措施时需要解决和注意的一些问题。

2.3.1　行为回报的数学期望与例子期望

行为回报发生于行为实施之后，行为者实际上是根据自己事先估计的各行为回报来选择行为的。而控制行为回报措施也是通过改变行为者对各行为回报的期望，来改变行为者的行为选择的。

因此，在使用控制行为回报措施之前，首先需要准确地估计拟施加的回报对行为者的"作用力大小"。为此，需要了解行为者对回报的"大小"是如何判断的。

行为者对行为回报的估计，主要有两种方式：一种是采用数学期望来估计行为回报；另一种是采用例子期望来估计行为回报。

1. 行为回报的数学期望

行为回报的数学期望是把一种行为的各种可能的结果（一种行为往往有多种可能的结果）与分别产生这些结果的概率相乘，然后再相加所得到的数值。当能够得到确切数据时（包括行为的可能结果、各结果的回报价值和各结果的概率），就可以采用数学期望法来计算期望回报。例如，对"购买彩票"这种行为，中奖的概率与数额都是已知的，因此，可以很容易地计算出购买彩票行为回报的数学期望。

设行为 i 的结果集一一对应的回报值集合 $\overline{r_i} = \{r_{i1}, r_{i2}, \cdots, r_{in}\}$ 为互斥结果集。所谓的互斥结果集，指结果集合中必发生一个结果且只发生一个结果。

p_i 为相应的概率集（集合 $\overline{r_i}$ 与 p_i 之间存在双射），$p_i = \{p_{i1}, p_{i2}, \cdots, p_{in}\}$，$\sum_{j=1}^{n} p_{ij} = 1$，则行为回报的数学期望为

$$r_i = \sum_{j=1}^{n} p_j r_{ij} \qquad (2\text{-}1)$$

2. 行为回报的例子期望

但是，在管理实践中，最常见的是根本无法准确地预知各结果的概率和各结果的回报值的行为。在这种情况下无法估计其数学期望回报，只能用以往其他人

的相同行为的回报作为"例子",来对该行为回报进行估计,这种期望回报,本书称为回报的"例子期望"。

例如,对"读研究生"这种行为,人们根本无法准确地预知研究生毕业后的就业情况和收入情况,但可以根据目前已经毕业的研究生的大体情况,对"读研究生"这种行为回报进行估计,这种估计的结果就是回报的"例子期望"。

在现实中,人们使用例子期望来估计行为回报的情况更为广泛。人们在经商中选择经营的商品类型和读书时选择专业等,都难以采用数学期望对其行为回报进行准确的估计,但可以估计其行为回报的例子期望。

2.3.2　使用回报措施时需要注意的问题

1. 奖罚有据、事先制定

从人们的可接受性和认可性的角度看,通过"有言在先"式的制度规定,对相应行为进行奖罚,更容易被人们(包括当事人与局外人)认可。而人为的、任意的奖罚,往往容易引起人们的不满,难以接受。因此,奖罚要有根据,要事先制定好奖罚规则,并且要把这些事先制定好的规则提前告知有关对象群体。

2. 标准明确,要有良好的观测器配合

使用回报措施,涉及什么情况下应当奖励、什么情况下必须惩罚,以及应当奖励或惩罚的力度等。这就是回报措施的准确性问题。

为了提高回报措施的准确性,在制度设计过程中,需要配合性能良好的观测器(即回报促进器)来使用回报措施,如奖罚的标准明确并且要能够方便而准确地观察等。

3. 防止回报补偿

回报补偿,指对行为者的某种行为,管理者能够控制的回报不是全部,而只是一部分。这样,管理者对行为者的控制能力就会大为削弱。

例如,对只有丈夫一人工作的家庭,丈夫的工作会格外努力,因为家庭的全部收入都是由丈夫的工作情况决定的;而对夫妻双方都有工作的家庭,特别是在妻子收入很高的情况下,奖励与惩罚等回报措施对丈夫是否努力工作往往没有太大影响,因为他不太在乎工作的回报。

4. 改善正导向回报的可察觉性——回报链越直接越好

正导向回报,指引导行为者选择提倡行为的回报。在制度环境下,即是制度

针对各种行为规定的回报。

　　回报链，指行为到回报之间的各个环节。如果环节多，则称回报链长。例如，员工由于工作努力而取得奖金这种回报，其回报链为：工作努力—产生业绩—领导认可—得到奖金。

　　回报链越长，行为发生后是否得到原来所希望的回报的不确定性越强。例如，行为发生后能否被观测到和奖罚能否被认真执行等环节越多，越会使行为后得到回报的概率变小（串联事件的概率是相乘的，由于概率一般都小于 1，结果会越乘越小）。反之，回报链越短，回报的可期望性越好，行为者对行为回报的察觉性越好，回报对行为的导向作用越强。

　　例如，对食品企业违规添加食品添加剂这种不良行为，国家相关管理部门规定了相应的负回报，但这个回报链比较长：首先，需要观测其是否添加了有害的食品添加剂，这通常需要依靠定期抽查和群众举报，因此，即使真的违规，能不能发现就不一定；其次，即使发现了，还需要有执法队伍对其进行惩罚，而执法队伍能否认真惩罚也不一定。可见，这么长的回报链，食品企业违规添加食品添加剂的情况难以遏制就不奇怪了。

　　反之，人们在家里为自己制作食品，既不需要观测，也不用别人来惩罚，人们就不会乱用添加剂。因为如果这样做，后果无悬念——毒害自己。这是一种非常直接的回报，回报链很短，几乎没有中间环节。

　　同样道理，对客观上存在的负导向回报链（即引起不良行为的回报链），如果没有办法完全阻断，也可以设法延长其回报链，使其导向作用减弱。

2.3.3　行为回报对制度的干扰与促进

1. 行为者的三种倾向

　　行为者选择行为的实质是选择最大的行为效用。因此，行为者可能会有三种不同的倾向：利己、利他、敌对。其中，利己指选择对自己有利的行为，经济收益型回报与地位回报等常常导致利己倾向；利他指选择对特定对象（个人或集体）有利的行为，观念与情感回报常常导致利他倾向；敌对指选择对特定对象不利的行为，观念与情感回报也常常导致敌对倾向。

　　从制度效果角度来看，行为回报可能会有两种不同的作用：对制度的干扰作用与对制度的促进作用。

2. 行为回报对制度的干扰作用

　　行为回报能够对制度产生干扰作用，如果对制度执行者选择不当（例如，存在某种行为回报，导致执行者有对制度效果不利的行为选择倾向），并且对执行者的观测力度较低，或者对执行者的行为缺少制约（如行为回报制约、行为资源制约，或者行为机会制约等），则可能导致其自由度过大。

行为回报使制度执行者的行为发生偏离的情况很多。例如，在现实中所谓的"既当运动员又当裁判员"的现象，是指让自己也属于被分配资源的对象群体的人来充当分配资源制度的执行者，这时"分配资源中的利己行为"能够对这个执行者形成"正回报"。在这种情况下，制度执行者往往难以"秉公分配"，从而使制度的执行发生偏差。

再如，如果制度执行者与被管理者之间有个人恩怨（往往导致制度执行中惩罚偏重，奖励偏轻），或者与被管理者之间存在亲戚朋友关系（往往导致制度执行中奖励偏重，惩罚偏轻）等，则前述的行为者三种选择倾向的存在，都可能会使制度执行者的行为发生偏差。在这种情况下，"相关人员回避制度"就是防止这种干扰的常用办法。

此外，常见的"权力寻租"现象，也是制度执行者由于"利己地执行制度"会带来对自己的正回报，使本来应当"秉公办事"的权力变成了"谁给好处就给谁办事"的牟利工具。

例 2.7　官出数字与数字出官

数字出官，官出数字。这是官场弄虚作假、谎报成绩的一种典型现象。这种现象难以治理，是因为尽管大家都知道弄虚作假、谎报成绩是"不好的行为"，但如果上级治理下级谎报成绩的行为实际上对上级非但没有好处，反而使上级的"成绩"大为缩水（因为上级的成绩是众多下级的成绩"汇总"而成的），这就是对上级"惩治下级谎报成绩"的行为（这本来是上级的本分之事）存在着回报干扰。所以，上级对下级谎报成绩的行为常常没有主动治理的积极性。这种回报干扰，是许多部门出现层层谎报成绩现象的一个重要原因。

例 2.8　公平秤不公平

为了保护消费者利益，某市的许多菜场、集市都设立"公平秤"，并且一般设有专门的掌秤人，目的是当顾客对所买到的蔬菜等份量不放心时，可以到"公平秤"处称份量。

但是，市区各物价监督站在市场检查中，竟发现许多"公平秤"的掌秤人非但不保护消费者利益，反而在偏袒缺秤人，坑害消费者。例如，一位消费者由于所买的大米缺秤，与小贩发生了争执。这时，"公平秤"的掌秤人过来了，对消费者说："你又不是买金子，斤斤计较做啥？"

"公平秤"的掌秤人竟然会帮助小贩坑害人，这是管理部门当初所没有料到的。

简评：

这个问题的出现，也是由于回报干扰使制度执行者的行为出现偏离。在"缺秤"现象发生时，"公平秤"的掌秤人有两种行为可以选择：一是维护顾客利益，打击缺秤人；二是偏袒缺秤人，损害顾客利益。

这两种行为的回报是不一样的。顾客都是过客，所以维护顾客利益也得不到什么好处。而缺秤人都是菜场的小贩，天天与之接触，得罪了小贩所得到的负回报（如找自己的麻烦）却比较大；反之，偏袒缺秤人，顾客也不会把自己怎么样，却可以结交这些缺秤的菜场小贩，日后少不了经常享用"不用花钱的菜和肉"等好处。

所以，两种行为相比，显然偏袒缺秤人对公平秤的"掌秤人"的回报更大。制度的执行偏差就这样在回报干扰下产生了。

3. 行为回报对制度的促进作用

在一定情况下，如果制度执行者的选择得当，行为回报也能够对制度产生促进作用。

例如，让官员腐败行为的受害者来执行"观测官员腐败行为"的职责，由于腐败直接损害监督者的利益（这是腐败行为对其产生的负回报），"监督者"一定会十分努力地完成使命。

例 2.9　"阳光排污"效果好

某市要求企业"阳光排污"，即排污口必须是明渠排放。排污口装有污水流量、COD（化学需氧量）、pH（酸碱度）等指标的测定设备，使群众看得见、易监督，能随时查询污水排放是否达标。

通过对企业实施"阳光排污"，目前，区域内企业偷排漏排现象杜绝，超标排放现象大幅减少。在许多镇村，除由专职环保人员负责排污监控外，许多群众也主动担当"环保义务监察员"。不久前，某镇一家化工企业开挖一条暗沟偷排污水，被附近村民发现并向环保部门举报，结果受到停产整顿和罚款的处理。

简评：

群众是企业排污的受害者，即企业排污行为会给群众造成"负回报"，因此，群众对监督企业排污情况积极性很高，甚至主动担当"环保义务监察员"，从而群众监督的效果比较好。这就是行为回报对制度的促进作用。

2.3.4　回报措施与防偏措施的配合

回报措施能够提高行为者选择提倡行为的倾向，是一种应用广泛的管理措施。但是，在许多情况下，回报措施能够促使行为者选择的行为常常不仅有一种，因此，回报措施的准确性通常并不强，也可能会促使行为者选择某种不良行为。在这样的情况下，就需要与一定的防偏措施（如其他回报措施、资源措施或机会措施等）相配合，以防止行为者的行为选择出现偏差。

例2.10　台湾"白色恐怖"时期的特务"作案"①

在台湾的"白色恐怖"时期（即国民党败退台湾初期），"特务每罗织一个人入罪就会得到巨额奖金及升迁的机会"。结果造成国民党特务在台湾"以抓人破案为升官发财的阶梯"。例如，有几名海军学校学生仅因为一封信里写有"要好好念书，要务正业，任何人都会是有用的人"，即被特务们解读成该信是表示毕业后为共产党做事（谌旭彬，2013）。

更有甚者，一些当事人回忆说，当时被制造出来的一些冤案根本就"不是司法产品，而是艺术产品"，是"做"出来的案子。当时台湾的一些情报官员常说某一个案子"做"得漂亮，某一个案子没有"做"好，等等。

当时轰动一时的"山东流亡学校烟台联合中学匪谍组织案"就是这种"作案"的典型。内战爆发时，一万余名山东烟台联合中学学生避往澎湖地区。由于兵源吃紧，国民党澎湖当局强行把年龄未满十六岁但身高合乎"标准"的学生，一律编入步兵团。结果，学生不愿入伍，与军方发生流血冲突。于是，特务们开始着手"作案"。

"作案"如同做文章，先要"有立意"。这个"立意"是烟台联合中学内部必须得有一个庞大的匪谍组织在鼓动山东流亡学生破坏参加台军。

"立意"之后的下一步是"收集素材"。收集素材得由下层着手，因为下层人员容易屈服。然后，一层一层往上株连。

有了材料，像写文章一样，接下来要进行全文构思，即所谓的"案子布局"。办案人员对逮捕的学生进行连续的疲劳审问，从中选出可以利用的内容，然后再使这些内容发酵、变质、走样，成为小说般的情节。

办案人员从逮捕的学生中选出五人，观察其各自特点，根据这些特点来构思他们在"共产党组织"内的角色：作文成绩优良的，必是为中国共产党做文字宣传的；身体强壮的，必是指挥暴动的。于是，这五个学生都成了烟台新民主主义青年团的分团长。接下来，他们的供词就成了其他学生成为"匪谍"的证明。

然后，每一个分团当然还得有一批团员：先是让这五个分团长自己想，谁应当做自己分团的团员；如果实在想不出，办案人员可以"提供名单"。

这么大的一个组织，单凭这五个中学生，当然说不通，必须有领导才行。结果，中学校长就成了"中共胶东区执行委员"，副校长成了"中共烟台区党部委员兼烟台新民主主义青年团主任"。

---

① 此案例摘自：谌旭彬（责编）．2013．台湾"白色恐怖"到底有多恐怖. http://view.news.qq.com/zt2013/bskb/index.htm.[2013-07-17]，本书有改写。

不难看出，在这种"作案"过程中，办案人员之所以心想事成，酷刑是唯一的"法术"。仅一个多月的时间，因有九种酷刑作为"通天神器"，最后，全案移送台北保安司令部，判定两位校长及五名学生"意图以非法方式颠覆政府"，各处死刑。

当事人回忆时感慨地说："酷刑之下，人人甘愿配合办案人员的'构想'，给自己捏造一个'身份'，这些人再互相证明对方的'身份'，有了'身份'自然有'行为'，各人再捏造'行为'，并互相证明对方的'行为'，彼此交错缠绕形成紧密的'结构'，这个'结构'有'内在的逻辑'，互补互依，自给自足。"

简评：

国民党特务在台湾"每罗织一个人入罪就会得到巨额奖金及升迁的机会"，结果造成"以抓人破案为升官发财的阶梯"。显然，这是当时的国民党当局为了提高特务办案积极性而采取的回报措施。但是，在这种回报措施下，特务有两种可选择的行为：一是实事求是地积极办案；二是编造虚假案件。问题是，在真实案件不多的情况下，只有"编造虚假案件"才能带来升官发财的机会。因此，仅使用这一种回报措施显然会使特务的行为发生偏差。只有与严格的司法监察程序配合使用，才能防止特务滥用职权。但实际情况是，司法监察程序的缺失，造成台湾"白色恐怖"时期的大量冤案。

习　　题

1. 行为的三个条件是什么？
2. 什么是行为效用？举例说明。
3. 什么是行为回报？行为回报与行为效用的区别与联系？举例说明。
4. 常见的行为资源有哪些？
5. 什么是行为机会？举例说明。
6. 谈谈使用回报措施时，为什么需要防偏措施？
7. 观察与寻找行为回报对制度的干扰与促进作用的例子。
8. 正导向回报链为什么越直接越好？
9. 简述：行为三条件与行为管理五措施之间的关系。
10. 试述观测措施的重要性。
11. "沪七条"规定：上海对居民家庭向商业银行贷款购买第二套住房的，其首付款比例从不得低于 60% 提高至不得低于 70% 及以上。限购方面，调整非户籍居民家庭购房缴纳税收或社保费的年限，从能提供自购房之日起算的"前 2 年内在本市累计缴纳 1 年以上"，调整为"前 3 年内在本市累计缴纳 2 年以上"。这对购房行为来说是限制了哪些行为条件？

12. 在日本各大超市，包括普通的蔬菜水果店，其所销售的蔬菜都会标有种植者的信息，更有甚者会直接打印种植者头像等信息，使得消费者只要拿出手机扫一扫头像二维码就可以找到种植者。请问这种做法在行为管理的五种措施中属于哪一种？它的特点是什么？

第3章 观 测 器

观测器为构成制度结构的三大制度部件之一，本章详细讲述了观测器的性能和类型，以及在某些情况下，如何选择好的行为测度来实现观测器的观测效果。

在制度使用的观测器中，负责采集或提供相关信息的不同信息采集者，有可能会存在不同的信息失真偏差倾向，也可据此对观测器进行分类。

本章教学目标：

● 熟悉组成制度结构的制度部件；
● 掌握观测器的性能、类型；
● 了解观测的行为测度的选择与注意事项；
● 了解不同的信息采集者存在的信息失真偏差倾向。

3.1 制 度 部 件

在制度结构中，制度部件是基本的构成单元。

制度部件，是制度某些局部功能的执行者。该执行者可能是一种更加微观的制度，也可能只是由执行机构或者设备构成的。

第2章中所提到的"措施"与"制度部件"在概念上有区别也有联系。

措施通常是为了对被管理者的行为实施某种调节而采用的具体手段，如回报措施和成本措施等。制度部件通常是具有通用功能的制度单元。例如，行为促进器具有促进目标行为发生或者提高其努力水平的功能，行为抑制器具有使目标行为停止或者降低其努力水平的作用，行为观测器则具有对行为是否发生或者努力水平如何的观测作用，等等。"措施"的目的性明显。例如，采用"回报措施"的目的是提高提倡行为的回报或者降低不良行为的回报。制度部件则在现实中的存在性明显，因此，是"备用"的可选用物。例如，当管理者拟采用"回报措施"时，就可以在现实中寻找"回报型促进器"来实现该措施。

此外，"措施"可以是一次性的，当人们说"采取了××措施"，这个事情就完成了。而"制度中具有××部件"，则是说制度中有一种"××部件"在发挥作用，这种作用是长期性的。

例如，在20世纪80年代改革开放初期，我国曾经实行"价格双轨制"。结果，一些"有关系"的人倒卖紧俏商品牟利，而"取消价格双轨制"就是一种消除人们倒卖紧俏商品机会的"机会措施"，这种措施使"倒卖紧俏商品"的行为再也没有机会发生。而在高考中，对考生进行编号来代替姓名写在考卷上，也使评卷者没有"作弊机会"。这种"编号"规则的执行过程需要的人与设备，构成了制度中对作弊行为的"机会抑制器"，每年高考时期，这个"机会抑制器"都会发挥作用。

按照功能的不同，制度部件可分为四大类，即结果、观测器、促进器和抑制器。其中，"结果"为过渡性部件，其他的三大类又可分为具有各种不同特性和原理的具体类型的部件。例如，促进器大类可分为回报型促进器、机会型促进器和资源型促进器等。

3.2 观测器性能

观测器是用来观测目标行为是否发生或者观测目标行为努力水平的制度部件。在制度中，是否对行为回报、行为资源和行为机会等进行控制，常常需要以观测到的信息为基础。因此，观测器是制度中非常基本的制度部件。

观测器的性能主要有观测力度与准确度及成本三个方面。

3.2.1 观测力度（灵敏度）

观测器的观测力度（灵敏度），主要指在目标行为发生时，该行为"被观测到"的概率的高低。如果概率高，就是观测力度大（灵敏度好），反之为小。

从理论上说，观测器的观测力度范围为 0～100%。其中，0 为观测器完全无效，目标行为发生时根本观测不到；而 100%为观测器绝对有效，只要目标行为发生，观测器就一定能够观测到。

3.2.2 准确度

观测器的准确度，主要指观测结果在多大程度上取决于对象行为而不是与对象行为无关的噪声。例如，在通过"访谈"观测器了解对象人员的表现时，有一些结论是对象人员本身的真实情况，还有一些反映很可能属于人们有意无意地拔高或贬低，而后者就是噪声。显然，噪声越小即准确度越高，观测器的性能越好。

3.2.3 成本

显然，在相同的灵敏度和准确度的前提下，成本越低，观测器性能越好。

观测器的成本与观测器性能、观测器观测对象的规模等因素都有关。一般地说，观测器性能越好，观测器所涉及的人力与物力越多，从而成本也越高。同样，如果观测器观测对象群体规模比较大，则其成本也比较高。

3.3　观测器的类型

在现实制度中使用的观测器可以按信息收集的方式分为直接型、间接型、记录型、反应型、核对型、回报型等。

3.3.1　直接型观测器

直接型观测器，是指直接观测目标行为的制度部件。对工作量的直接计量（如工作的计时和计件等）和对工作状态的监视等都是直接型观测器。

直接型观测器既有完全由人工担任的，也有人工与设备结合的。例如，在中华人民共和国成立前，一些企业里有"监工"这个职业，实质就是用来观测工人的"工作努力水平"的人工观测器。而道路上安装的观测交通行为的摄像头、银行柜台安装的观测存取款过程中有无反常情况的摄像头，与定期观察这些摄像头记录视频的工作人员一起，构成了人工与设备结合的直接型观测器。

直接型观测器的灵敏度与准确度都比较高，但由于这种观测器的原理是直接对观测对象进行观测，其成本也相对较高，而且观测范围比较小，只限于能够直接获取信息的情况。

例 3.1　古代科举考试中的作弊与监考

科举考试，"考"而优则仕，对考生来说意义重大。一些考生为了"考中取胜"，常常作弊[①]。

在古代，科举考试都是一人一间考室，因此，与现代考试最大的不同在于"交头接耳"现象不存在。如此，夹带资料进考场，就是最常见的作弊手段。

夹带资料进考场，古称"怀挟"。明朝周复俊在《泾林杂记》曾描述过"怀挟"的众多手法："慕善书者，蝇头书金箔纸上，每千篇厚不及寸；或藏笔管，或置砚底。更有半空水注、夹底草鞋之类；又或用药汁书于青布衣衿，壁泥掺之，拂拭则字立见，名曰文场备用。"

面对如此作弊手段，各朝代都十分重视监考工作。以北国的金朝为例，《金史·选举志》中记载："检查时，考生要'解发袒衣，索及耳鼻'，即把束紧的长发放下来，看头发结内是否藏有'蝇书'一类的作弊工具，甚至连鼻孔、耳朵也要扒开看一看。"

---

① 引案例摘自：倪方六. 2012-06-08. 古代是如何防范考试作弊的[N]. 北京晚报，本书有修改。

在清代，乾隆皇帝发展到使用军队来对考生进行搜检，并承诺每搜到一名夹带作弊者"赏银三两"。搜检严厉到考生所带的馒头、糕饼都要切开检查。据《清高宗实录》记载，在当年的江南贡院考场上，头场便搜出夹带者21人，二场又搜出21人，导致贡院前的小牢房爆满。当场交白卷的考生68人，未完卷者329人，文不对题者276人。二场点名时竟然有2800多名考生弃考（倪方六，2012）。

例3.2　交警查酒驾仪器

当下出现了一种基于红外线的新仪器，其原理是司机饮酒后，司机呼气中就含有酒精，仪器显示的呼气波长就会比正常人的呼气波长要长得多。同时，红外线的一个重要特点是易吸收长波，所以，把红外线强度逐步减弱的状态记录下来分析，便可直接显现出呼气中的酒精浓度，进而得出被检测者的饮酒量。

3.3.2　间接型观测器

间接型观测器，是指间接观测目标行为的制度部件。通过调查或依靠举报等对观测对象的行为进行了解的方式，都是间接型观测器。

由于不用直接观测目标行为，间接型观测器的成本相对较低，观测范围比较大，但其灵敏度与准确度都相对较低。例如，在对一些"拟重用的对象"进行调查了解时，常常有一些不实的叙述，举报材料中也常常会出现"诬陷"等虚假信息。

例3.3　我国古代的"举报"制度

"举报"制度在我国历史悠久。《史记·孝文纪》记载，5000多年前的尧舜时代，就在交通要道上埋设立柱，人们可以在木柱上刻写意见，称其为"诽谤木"（这里的"诽谤"有议论是非、指责过失的意思）。

西汉时期，使用"缿筩"来接收举报信，这是一种上方有孔的罐子，信件可入不可出，可以看作是我国最早的"举报箱"。《汉书·赵广汉传》载："又教吏作缿筩，及得投书。"

在武则天时代，举报箱发展到分类形式，称为"铜匦"，它是一个正方形铜匣，东西南北共四个入口。其中，东面叫作"延恩匦"，青色，喻仁义，凡是赋颂的信件投此口；南面叫作"招谏匦"，丹色，喻忠信，凡是直言谏诤的信件投此口；西面叫作"申冤匦"，白色，喻公平，凡是鸣冤的信件投此口；北面叫作"通玄匦"，黑色，凡是涉及军谋秘第的信件投此口。"铜匦"是武则天了解社会情况的一个重要信息渠道，由此巩固了自己的统治（周聿，2006）。

3.3.3　记录型观测器

记录型观测器是一种先把目标行为记录下来，然后在需要时查验其"记录"

的观测器。现代社会中的各种证书（持有者的资格证明）、文件中的盖章或签字（相关手续已经通过的证明）和在产品上刻上制作者姓名（发生质量问题时可以找到制作者）等，都是记录型观测器。

记录型观测器不受时间与空间的限制，成本低，因此，在现代社会中使用非常广泛。但这种观测器也有信息容易被伪造的缺点。

例 3.4　密码牌验证查险

1998 年 7～8 月，中国长江流域发生了特大洪水，防洪大堤需要日夜巡逻，以便及时发现险情，及时处理。

但是，由于长期守卫在千里大堤上，许多人员产生了松懈情绪，巡察过程中出现了"应付差事走一趟"的现象。对许多阴湿处、暗道里、丛林间，巡察人员往往不去察看，而是谎称"去这些地方看过了"，管理者无法判断真伪。所以，如何设计对巡察行为是否认真进行判断的观测措施，就成为抗洪成败的关键。

这时，在华容县三封寺镇，人们发明了"密码式查险法"，由熟悉堤情的人秘密操作，将一些标有号码的小木牌放在要求巡察人员必到的地点。这样，巡察人员在巡察时只有认真察看，才能将密码牌找到，交到堤段指挥所。采用这个方法之后，巡察人员的认真程度大大提高，先后察出十余处险情，其中，许多就是由于放了密码牌才得以察出（谭剑，1998）。

简评：

这个观测器在类型上也属于记录型观测器，密码牌起着记录巡察人员巡逻过的地点和巡逻得认真与否的作用。这个观测器的巧妙之处在于：巡察人员不知道密码牌上的号码，所以无法伪造。只有真的到放有密码牌处认真看过，才能交出密码牌。这个精心设计的观测器，对巡察行为认真程度的观测是相当准确的。由此例可以看出，制度设计与其他科学领域一样，也需要发明与创造。

3.3.4　反应型观测器

反应型观测器的工作原理，是观测器先向观测对象发出信息，观测对象对所接收到的信息做出特定的反应，观测器主要通过观测这种反应，来判断观测对象的实际情况。

通常的考试，是应试者对观测者出的考题做出反应，观测者根据这些反应，来判断应试者当前对知识或技术的掌握水平。这种考试如果应用在制度中，就是反应型观测器。

设置情境对某人进行考验，观察对象人员在特定情境下如何行为，由此判断对象人员的思想观念情况等，实际上都是应用了反应型观测器的原理。

　　例 3.5　灰圈记

　　宋朝，财主马员外去世了，马员外有两个妻子，其中，只有二夫人生了一个男孩，有望继承家业。

　　不料，大夫人勾结县衙赵令史，抢了孩子，把二夫人赶出了家门。案子一直闹到开封，包公升堂，结果大夫人与二夫人都说孩子是自己的。

　　包公也不再问，让人找来白石灰，在堂上画了一个大圆圈。包公让孩子站在中间，命令两位夫人各拉着孩子的一只胳膊，说："谁把孩子拉到圈外自己一边，孩子就给谁。"

　　包公一声"开始"，大夫人用力就拉，二夫人见孩子的胳膊又瘦又细，又见大夫人在用蛮力，一犹豫，孩子被大夫人拉了过去。

　　包公见了，说："二夫人不肯用力，这次不算!"

　　第二次，大夫人还是狠命用力。

　　二夫人一开始也用力，但孩子痛得哭起来。她又心疼了，竟松开了手。结果，孩子又被大夫人拉了过去。

　　二夫人大哭，诉说不肯用力的原因。堂上人人感动，个个信服。

　　包公一拍桌子，要大夫人从实招来，一件疑案就此真相大白。

　　简评：

　　两位夫人——一位真妈一位假妈，在包公设计的"拉孩子博弈"问题上，真妈最关心的是孩子的身体，假妈最怕的是把孩子拉不到自己一边。真妈假妈的不同行为，显示了两人与孩子真实关系的不同。在包公发出的"请把小孩拉到圈外自己一边"这个信息面前，包公凭着两位妈妈的不同表现，成功地观测出哪一位是真妈。包公在断案中应用的也是反应型观测器的原理。

3.3.5　核对型观测器

　　核对型观测器是一种利用信息之间的固有关系（这种关系可以是自然的或者事先假设的），来观测所得信息真伪情况的观测器。例如，对要求下级汇报的信息，采取双路法收集：如果两个信息渠道提供的关于同一事件的信息不一致，则必定有一路信息是错误的，这时就要对相关信息进行重点核查；如果双路的信息都一致，则双方同时发生错误的概率比较低，因此，信息正确的概率较大。在向电脑数据库系统录入重要数据时，经常采用双路法以防止错误，即把同一数据表格前后输入两次，然后针对两次输入后不一致的部分，重点核对。

　　在管理实践中，在一些证件号码的编码设计上采用"校验码"，也是应用了核对型观测器的原理。

例 3.6 身份证校验码查身份证号码的真伪

为了防止身份证造假，我国采用了校验码防伪技术。具体做法如下：

首先，将身份证号码前 17 位数字分别乘以不同的系数，从第 1 位到第 17 位的系数分别为：7、9、10、5、8、4、2、1、6、3、7、9、10、5、8、4、2；其次，将这 17 位数字和系数相乘的结果相加求和；再次，用加和除以 11，得余数；最后，把余数按表 3-1 转换成身份证的第 18 位数字。这样，任何身份证都可以通过计算其前面的 17 位数字，得到其应当具有的第 18 位数字，再看其计算结果与身份证上的第 18 位数字是否相符，可以初步判断身份证号码的真伪。

表 3-1 身份证的余数转换表

余数	0	1	2	3	4	5	6	7	8	9	10
转换数	1	0	X	9	8	7	6	5	4	3	2

例如，某人身份证号码为 34052419050104001X，查一下这个身份证号码是不是合法的。

首先，把身份证前 17 位分别与系数相乘再相加求和：

$$7 \times 3 + 9 \times 4 + 10 \times 0 + 5 \times 5 + 8 \times 2 + 4 \times 4 + 2 \times 1 + 1 \times 9 + 6 \times 0$$
$$+3 \times 5 + 7 \times 0 + 9 \times 1 + 10 \times 0 + 5 \times 4 + 8 \times 0 + 4 \times 0 + 2 \times 1 = 171$$

其次，用得到的和 171 除以 11 求余数，得 $\frac{171}{11} = 15 + \frac{6}{11}$，即余数为 6；最后，按照表 3-1，该身份证的第 18 位应当为"6"，而此身份证的第 18 位为"X"，显然为假身份证号码。

3.3.6 回报型观测器

回报型观测器利用了"分离均衡"原理，通过构造一种针对观测对象的回报反应规则，使观测对象说真话（即表明自己的真实类型）对自己有利，说假话对其不利。在这样的回报反应规则作用下，观测对象就会"说真话"，从而达到观测其真实情况的目的。

2001 年诺贝尔经济学奖获得者迈克尔·斯宾塞（A. Michael Spence，1943 年～）把这种观测器称为信号传递模型。

例如，在劳动力就业市场中，存在两种人：高能力者和低能力者。同时，在劳动力就业市场上存在求职者能力信息的不对称情况，即求职者知道自己的能力，雇主不知道。如果雇主没有办法区别高能力者与低能力者，则不论求职者是高能力还是低能力，都给其平均工资。在这种情况下，会导致"逆向选择"问题：即低能力者非常愿意参加工作，而高能力者不愿意参加工作。这是因为，平均工资是低于高能力者创造的价值的（平均工资等于低能力者与高能力者创造价值的平均值，因此，其必定低于高能力者应得的工资）。

但实际上，社会往往会根据求职者文凭的高低，给予其不同的工资，这就是一种回报型观测器。

例如，如下报酬制度就是一种回报型观测器。

1）取得教育文凭的学习成本（经济成本和时间成本等，高能力者取得教育文凭的学习成本低，低能力者取得教育文凭的学习成本高）：

高能力者——4；低能力者——8

2）有教育文凭者与无教育文凭者的报酬收益（收入、地位）：

有文凭者——10；无文凭者——5

3）高能力者与低能力者在各种情况下的纯收益（*表示最优选项）：

高能力者受教育的收益：$10-4 = 6*$

高能力者不受教育的收益：$5-0 = 5$

低能力者受教育的收益：$10-8 = 2$

低能力者不受教育的收益：$5-0 = 5*$

由此可见，在此报酬制度下，高能力者选择取得教育文凭的收益最大，而低能力者选择不取得教育文凭的收益最大，由此实现了高能力者与低能力者的"分离均衡"，对求职者到底有无能力这一平时难以观测的信息，实现了有效的观测。

3.4　测度的选择与注意事项

从观测器结构来看，主要有两个要素：一是观测的行为测度；二是具体执行这种观测的机构或设备。

测度，即是观测器观测的反映行为情况的指标。在制度设计中，测度都是制度设计者事先选定的。

在某些情况下，观测器的观测效果主要取决于行为测度，因此，选择好的行为测度十分重要。

3.4.1　测度的可观测性

可观测性是对测度的一项根本性要求，如果可观测性差，测度就彻底失去了意义。因此，在实际的管理制度中，常常有一些有这样或那样缺点的测度被长期使用，就是因为这些测度虽然有一定缺点，但其可观测性比较好，人们找不到可观测性更好的测度来替代它们。

例如，发表的论文数量，是科研行为的一个常用的测度。这个测度有许多缺点（如导致科研出现"短期行为"，导致低水平论文大量增长而高水平论文增长缓慢等），但"论文数量"这个指标不但很容易观测，而且观测成本很低（远低于对每一篇论文都进行"质量评估"的论文内容水平测度的观测成本），因此，该"测度"能够在众多质疑声中长期被使用。

不同的行为，行为过程与行为结果的可观测性不一样。一些行为的行为过程的可观测性不好，但行为结果的可观测性较好，这时就选择行为结果作为测度。例如，体力劳动观测劳动过程成本很高，但观测其劳动结果（如开挖的土方量）却很容易，因此，体力劳动的测度常常是劳动结果"计件"测度；反之，对公务员等脑力劳动，劳动结果不容易观测，就只能采用"考勤制"等"计时"测度。

3.4.2　测度的准确性

测度的准确性，指测度反映目标行为的唯一性。如果除了目标行为之外还有其他情况能够影响和改变该测度，其准确性就不好。

例如，许多地方政府都把"企业的经济效益"作为企业负责人的考核指标。但事实上，企业的经济效益既与负责人的工作努力水平相关，也与企业所处行业的市场景气程度相关。因此，当企业的经济效益大幅度提高时，实际上既可能是由于企业负责人工作努力，也可能是由于当前企业所处的市场环境比较好。因此，单纯地把"企业的经济效益"作为企业负责人工作努力程度的"测度"，其准确性就不好。

实际上，如果把"企业的经济效益"与"企业当前的市场环境"两个指标结合起来作为企业负责人工作努力水平的测度，其准确性就好得多。

3.4.3　测度的刚性

测度的刚性，指测度被非目标行为所操纵和改变的难易程度。如果测度能够被非目标行为轻易地改变，则测度的刚性不好，这种测度容易被人为地操纵。

例如，在科研管理中，如果不看论文的内容水平，只是笼统地把"发表论文数量"作为"科研行为努力水平"的测度，这个测度的刚性就不好，因为一些人可以通过"找关系"和"花钱买枪手"等方式发表一些质量不高的论文，来增加自己的论文数量。在这个例子里，"科研行为"是需要观测的目标行为，而"找关系或花钱买枪手"则不是需要鼓励的目标行为，但却可以改变这个测度。因此，在这个测度下，当某人的论文数量大幅增加时，管理者难以判断其到底是科研工作努力还是一些不良行为"注水"造成的。

但是，"发表在权威期刊的论文数量"则是一个相对较好的测度。因为对权威期刊来说，枪手的论文一般是达不到发表水平的；同时，由于权威期刊比较重视声誉，管理严格，"找关系"等行为也很难奏效。在这种情况下，"发表在权威期刊的论文数量"就主要取决于作者的科研能力，因此，这种测度的刚性较好。

例3.7　为"落户口"高校毕业生买专利成风

某市对外地生源大学生落户是以"计分"办法操作的，即将学生的"毕业学校分"（即毕业于中国的所谓"985工程"高校、"211工程"高校和一般本科高校等不同"等级"的高校，分数不同）、"学位分"（学士、硕士和博士等分数不同）和"专利分"（外观设计专利、实用新型专利和发明专利等可以"加分"）等综合在一起形成"总分"，当"总分"达到一定数值时，即可"落户"，得到该城市的户口。

在这些形形色色的"分"中，最容易操纵的是"专利分"。实际上，专利部门对"实用新型""外观设计"一类的专利并不进行"实质审查"而只是进行"形式审查"，只要比原来的产品有所变化，一般都能顺利地审批为"专利"。例如，把圆柱形的喝水杯改成"四角柱体形状的水杯"或"三角柱体形状的水杯"，尽管意义不大，但都可以成为"专利"。由此可以看出，这种"专利分"的水分所在。

在这样的情况下，一些公司专门开展为毕业生提升"落户分"而代办专利的生意，而且价格"挺便宜"（2011年的价格为一件"专利"288元）。由此可见，这种"专利分"操纵起来十分容易。

3.4.4　不乱用加权——防干扰

当前，十分流行将各种指标加权在一起形成"综合测度"。例如，一些单位在对中国的高校进行综合排名时，把"学生人数、发表论文数、专利数、科技奖数、教学奖数、建筑面积、土地面积和教职工人数"等指标加权到一起形成"综合分"，并按其对高校进行排序。这样产生的"名列前茅者"，很可能是科研也不突出，教学也不突出，只不过是各指标都"不太差"的。客观地说，这种"排名"，其实无任何意义。

更有甚者，一些高校和科研机构在职称晋级等工作中，竟然把"科研成果"与"人才出身"类指标加权在一起，把发表论文和获得科技奖励等指标与"是否毕业于'985工程'高校"和"是否持有国外文凭"等指标"综合"在一起，形成晋级依据。众所周知，"科研成果"是人才的产出，是衡量人才能力水平的唯一标准；而"是否持有国外文凭"或"是否毕业于'985工程'高校"等实际上是人才的出身。这种"加权综合"，实际上导致那些科研成果不足的人得以用"出身"

来"填平"其科研成果缺陷,使其与真正有科研成果的人才一起晋升,既导致了人才评价的严重不公,也助长了"重门第"的腐朽之风。可见,高校中某些有着博士头衔的管理人员连民间的朴素观念"英雄不问出处"都坚守不住。

3.4.5 不使用片面的测度——防偏向

一方面,不应乱用"综合加权"的方法,以防止冲淡"关键指标"的指示意义;另一方面,也要注意防止因指标过于单一导致观测对象的行为出现偏向。

例如,对"出版社"与"媒体"等一类既有经济收益要求又有社会责任的机构,如果单纯地以"经济效益"来评价其管理水平,就会导致其片面追求经济效益而放弃社会责任,甚至出版一些迷信的、黄色的书籍等来追求发行量。

即使对这种情况,一般地说,仍然不宜用"综合加权"的办法来防止行为偏向。因为只要"经济效益"指标十分突出,仍然可以导致"综合分"很高,完全可以补偿"社会责任不佳"所形成的低分。

正确的防止行为偏向的办法,应当是"门槛制 + 计分制"的办法,即对一些具有重要社会意义的指标,实行"门槛制"(也常称为一票否决制)。例如,对本例来讲,可以对"社会效益"指标实行门槛制,即要求不得出版对社会意识有害的读物,如果出现这种情况,则"经济效益"再好也计为"0 分"。只有在"社会效益"不出问题的情况下,才对"经济效益"进行考核计分。

3.5 信息采集者的信息失真偏差倾向

在制度使用的观测器中,必须有一个信息采集者,负责采集或提供相关信息。不同的信息采集者,有可能会存在不同的信息失真偏差倾向。按信息采集者的不同,也可以对观测器进行分类。

3.5.1 使用专职信息采集者的观测器

一些观测器中常常使用专职信息采集者。例如,人民公社时期专门负责记录社员出工情况的"记工员"和煤炭出库时专门测量汽车装载煤炭重量的"过磅员"等,都是专职的信息采集者。

为了使专职信息采集者能够"秉公采集信息",需要对其建立一定的监督制度。如果监督制度缺位,可能会产生专职信息采集者的"权力寻租"等腐败问题。当然,采用某些专门设备来充当"信息自动采集者",也是治理专职信息采集者腐败的有效手段。

3.5.2 对象汇报型观测器

对象汇报型观测器的信息是由观测对象提供的。例如，一些公司员工考勤采用"自己刷指纹"的方式，这种观测器就属于对象汇报型。采用"考试"与"面试"等方式来采集信息的观测器，也可以看作是对象汇报型观测器。

由于观测器观测到的信息关系到观测对象本身的利益，对象汇报型观测器得到的信息常常会向有利于观测对象的方向发生失真偏差。为了防止这种情况出现，应当设法使这种汇报变成客观数据。例如，考勤采用"刷指纹"的方式，由于其属于一种客观记录，观测对象是难以做假的。

例 3.8　各地上报的 GDP（国内生产总值）总和比中央统计的数值高出 5.76 万亿元

数字出官，官出数字。这是官场弄虚作假、谎报成绩的一种典型现象，而且这种现象非常难以治理。

2013 年初，中国各省上报的 2012 年 GDP，相加后为 57.69 万亿元，比国家统计局核算的全国 GDP（51.93 万亿元）高出 5.76 万亿元，相当于多了一个广东省的 GDP（叶祝颐，2013）。

自 1985 年国家和地方层面分别核算 GDP 以来，各地方统计的 GDP 总和一直高于全国直接统计的 GDP 总量，而且这种现象越来越严重。例如，各省上报的 GDP 之和与全国直接统计的 GDP 关系为：2009 各省上报的 GDP 之和超出全国 2.68 万亿元；2010 年超出全国 3.5 万亿元；2011 年超出全国 4.6 万亿元；2012 年竟超出全国 5.76 万亿元。

要说各地方上报的 GDP 总是夸大，也不尽然，究竟夸大还是缩小，关键是看 GDP 数字的"用途"。例如，一些地方在上报 GDP 时，为领导摆政绩时是一个很大的数字，而向上级要补贴时，本地的 GDP 又变成了一个很小的数字。滑稽的例子是，同一个县竟然既是"经济百强县"，又是"经济贫困县"。

简评：

从这个例子中可清楚地看出对象汇报型观测器的问题。由于 GDP 数值关系到地方领导的"政绩"，上报时夸大是一种倾向性的信息失真偏差。当然，当向上级要补贴时，把地方的 GDP 压低也同样是一种倾向性的信息失真偏差。导致这种偏差的根源，就是信息与观测对象本身有利害关系，因此，其"汇报"的客观性就大打折扣。

例 3.9　不立案问题

长期以来，刑事案件的发案率和破案率被当作考察地方治安和公安机关工作效率的主要指标。所以，发案率低、破案率高成为公安机关追求的目标。

为了追求低发案率，高破案率，一些地方的公安机关采取不如实立案的做法，即如果不是引起社会关注的大案，就不立案。结果，用"发案率"来衡量公安机关工作效率，反而导致一些地方的实际治安情况恶化。

3.5.3 使用客观信息的观测器

使用客观信息的观测器，一般没有倾向性的信息失真偏差。例如，对大众消费行为的观测器，其采集的群众消费信息来自各种客观交易数据的统计，因此，没有倾向性的信息失真偏差。当前，许多地方提倡用"第三方"采集数据，其原因就是"第三方"与信息内容本身无利害关系，这也是一种使用客观信息的观测器。

在制度设计过程中，采用使用客观信息的观测器无疑是首选。但是，在许多情况下难以收集完全客观的信息（指标数据等），因此，并不可以随意使用这种观测器。

习　　题

1. 谈谈措施与部件的区别。
2. 什么是测度的刚性？
3. 什么是信息采集者的信息失真偏差倾向？
4. 选择测度时要注意哪些问题？
5. 回报型观测器的原理是什么？
6. 反应型观测器的原理是什么？
7. 交通公路发达的 21 世纪，驾驶已经成为每个人必备的技能。因此，驾考也是大多数人都会参加的考试之一。驾考的科目二和科目三都是考生进行驾驶，车辆观测器进行观测，以识别考生是否按照规定线路行驶，进而判断其是否通过考试。在考车的车载电脑上我们可以查询到考生在考试过程中的行驶线路，同时，也可以查询到考生在考试过程中处于驾驶室的动态视频，由此便可判断考生是否通过考试及是否有作弊现象。请问这种制度采用了哪种类型的观测器？这种观测器有哪些特点？

第4章 促 进 器

用来促使目标行为发生或者提供其努力水平的制度部件叫作行为促进器，依照改变个体行为状态的措施进行分类，行为促进器可分为回报型促进器、资源型促进器和机会型促进器。

本章教学目标：
- 掌握发生相关行为的必要条件；
- 掌握不同回报型促进器的类型、优势、劣势及适用范围；
- 了解资源型促进器和机会型促进器的特征及适用范围。

促进器全称是行为促进器，是用来促使目标行为发生或者提高其努力水平的制度部件。

促进器有两个要素：一是促进器的反应规则（即输入与输出之间的函数关系）；二是执行这种规则的机构或设备。在实际制度中，促进器常常与观测器配合使用，并且通常在执行机构上合为一体，以节省成本和提高效率。因此，在实际制度中常常存在着"行为测度＋促进器反应规则＋观测与促进功能的执行者"这样的观测器与促进器一体的制度部件。例如，"员工业绩指标＋员工业绩奖励规则＋员工业绩统计与奖励的操作机构"就是员工管理制度中的制度部件。

改变个体行为状态的措施有控制行为回报措施、控制行为资源措施、控制行为机会措施和控制行为成本措施，因此，行为促进器可分为回报型促进器、资源型促进器和机会型促进器。

一般来说，被管理者的行为分为"提倡行为"和"不良行为"。制度设计者使用促进器对其进行促进的必定是"提倡行为"。因此，本章中的"行为的努力水平"，准确地说应当是"被管理者的提倡行为的努力水平"。但为了简洁起见，除非有特殊说明，否则一律用"努力水平"来表示"被管理者的提倡行为的努力水平"。同样，也用"行为测度"或者"测度"来表示"被管理者的提倡行为的努力水平的测度"。

4.1 回报型促进器

正效用是发生相关行为的必要条件之一，而行为能够带来正回报则是行为具有正效用的基础。回报型促进器是通过对提倡行为提供正回报，并且事先公布正回报与行为测度的关联规则，使被管理者对提倡行为形成正回报预期，以此来促进被管理者选择提倡行为的制度部件。

4.1.1　固定回报型促进器

固定回报型促进器中，只要个体"接受合同"即成为制度下的管理对象（如成为一个单位的成员），就能够得到一定的期望回报。换句话说，个体取得回报的大小与概率只与其是否"接受合同"有关，而与其努力水平无关。

1. 固定工资

固定工资规则加上执行该规则的机构，就是固定工资促进器。固定工资的作用是吸引人们进入组织中。例如，中国改革开放前，人们对进入"国有企业"成为"正式工"特别感兴趣，因为有许多"固定的福利"，但进入"国有企业"后却对努力工作无兴趣，因为努力与否与工资无关。

2. 年限晋级

一些单位实行年限晋级制度，即随着工作年限的增长，实行"自然晋级"。这实际也是一种固定回报促进器，只是回报的主要内容为社会地位（如果"级别"与收入挂钩，则回报就是社会地位与经济收益两方面内容）。

同样，"自然晋级"的作用是吸引人们长期服务于本单位。因为随着工作年限的增加，享受的福利会越来越多。

4.1.2　可变回报型促进器

可变回报型促进器，指把"回报水平"与"努力水平"相关联起来的行为促进器。这种促进器的特点是，努力水平越高，则个体得到的回报水平就越高。因此，在决定给予回报之前，必须能够准确地观测到个体的努力水平。所以，这种促进器必须与观测器结合使用，即根据观测器观测到的努力水平，再根据一定的映射关系（即观测到的反映努力水平的"指标"与回报的"值"之间的函数关系，不同的促进器则这种函数关系可能不同）给予个体一定的回报。

一般来说，可变回报型促进器主要分为如下几个类型。

1. 阶梯奖励

阶梯奖励是把努力水平划分成几个等级，不同等级对应不同的回报水平。

例如，某企业对销售人员的阶梯奖励制度为：每人每月销售定额为 1000 件商品，超出定额 100 件奖励 1000 元，超出定额 200 件奖励 3000 元，超出定额 300 件奖励 5000 元（图 4-1）。

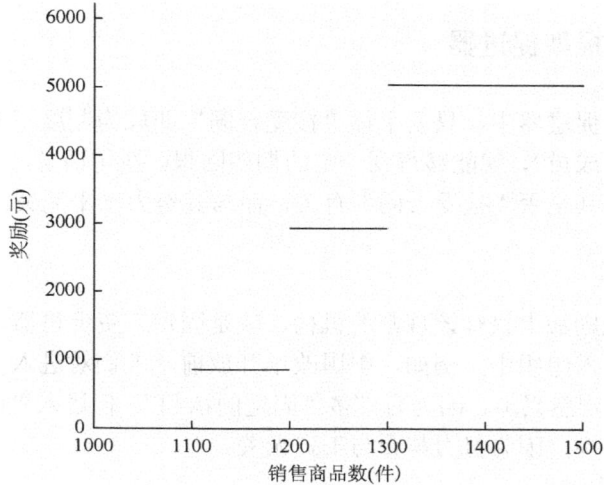

图 4-1　阶梯奖励

在管理学历史上，美国著名管理学家弗雷德里克·温斯洛·泰勒（Frederick Winslow Taylor，1856～1915 年）发明的"差别计件工资制"实质上也是一种阶梯奖励（图 4-2）。

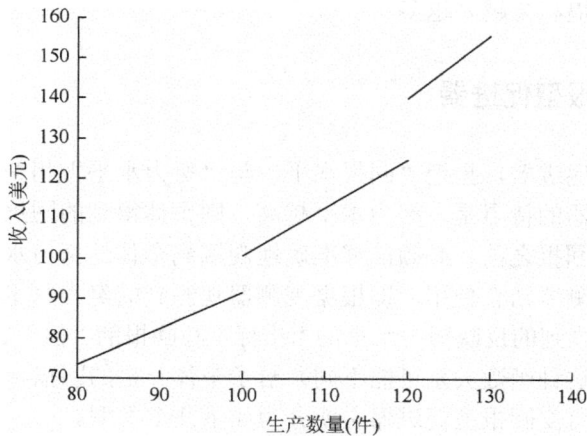

图 4-2　泰勒奖励

假定每个工人每天的生产定额为 100 件产品。

如果每人每天生产的产品数量在 100～119 件,则按每件付给工人 1 美元的标准计件,工人每天的收入在 100～119 美元。

如果每人每天生产的产品数量在 80～99 件,则按每件付给工人 0.9 美元的标准计件,工人每天的收入在 72～89 美元。

如果每人每天生产的产品数量在 120 件之上,则按每件付给工人 1.2 美元的标准计件,工人每天的收入在 144 美元之上。

用数学模型来描述一般意义上的阶梯奖励,设努力水平为 e_k, e_k 为下标 k 的递增序列,即如果 $k < m$,则 $e_k < e_m$。设回报或者回报的计算标准为 r_k, r_k 为下标 k 的递增序列,即如果 $k < m$,则 $r_k < r_m$。阶梯奖励的数学模型表达 $r = f(e)$ 为

$$r = \begin{cases} r_1, & \text{当}e_1 \leqslant e < e_2 \\ r_2, & \text{当}e_2 \leqslant e < e_3 \\ \quad\vdots \\ r_n, & \text{当}e_n \leqslant e < e_{n+1} \end{cases} \tag{4-1}$$

阶梯奖励型促进器的优点是规则简单,容易操作,因此,在实际中应用很广泛。这种促进器的缺点是存在着努力水平的"失效区间",即当个体的努力水平达到一个奖励等级之后,如果再增加努力水平,在努力水平尚没有达到上一级奖励标准线的情况下,这些"超出的努力"是不能为自己增加回报的。因此,如果被管理者感觉到自己能力有限,无望达到上一级等级的要求,则往往会放弃努力。这种现象,在努力水平等级之间的差别比较大时,表现得尤为明显。

2. 排序奖励

排序奖励,也被称为"锦标赛机制",是把被管理者按行为测度降序排列,然后把给予被管理者的回报也降序排列,并使两者的排序相对应(但不一定是一一对应的)。例如,给予"努力水平最高者""一等奖",给予"努力水平次高者""二等奖",等等。此外,把员工业绩最高者提升职级或授予荣誉称号,实际上也是排序奖励。

排序奖励的优点之一是能够"过滤掉努力水平之外的影响"从而提高回报的准确性,即当各个被管理者的行为测度与被管理者之间或者与环境之间存在关联性时,排序奖励较阶梯奖励更为准确。例如,当选择劳动业绩作为行为测度时,如果每个人的业绩不仅与个人努力有关,还与其他人的业绩情况有关,或者当个人业绩除了个人努力因素外还与环境有关时(例如,企业负责人的业绩不仅与个人努力水平有关,还与经济环境和所在行业环境有关),排序奖励的准确性较高。

排序奖励的优点之二是能够节省管理成本。在排序奖励的情况下,常常只需

要奖励最努力的少数被管理者，就可以引起大家用提高努力水平的方式参与竞争，从而带动群体的努力水平大面积提高。

但排序奖励也有一些弱点，如容易在集体内形成不合作气氛。因为排序结果实质上是集体中各成员相对位置的高低，别人更差就意味着自己更强，从而导致被管理者之间的利益对立。

此外，在以业绩作为行为测度时（这是非常普遍的情况），如果个体之间的能力相差太大，也会导致能力较低者放弃努力。因为如果能力相差太大，意味着能力较低者无论如何努力，其业绩也不会超过能力较强者。

3. 分成奖励

分成奖励一般以提倡行为的效果（多为经济业绩）作为奖励的自变量，从业绩中划分一定比例作为回报给予业绩创造者。

分成奖励可分为线性分成与非线性分成：当分成比例为常数时，为线性分成奖励；当分成比例为阶段性变量时，则为非线性分成奖励。

例 4.1　业绩提成制

某企业销售人员的工资为业绩提成制，提成比例为销售额的 1%，即每销售 1 万元的商品可提成 100 元奖励金。这是一种线性分成奖励（图 4-3）。

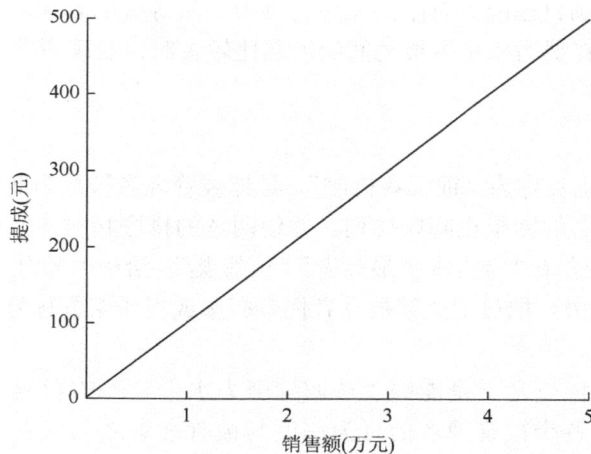

图 4-3　线性分成奖励

例 4.2　业绩阶段提成制

某企业销售人员的工资为业绩阶段提成制，提成比例为：月销售额在 10 万元以内，提成为 1%；月销售额在 10 万～30 万元，提成为 2%；月销售额在 30 万元以上，提成为 3%。这是一种分段线性分成奖励（图 4-4）。

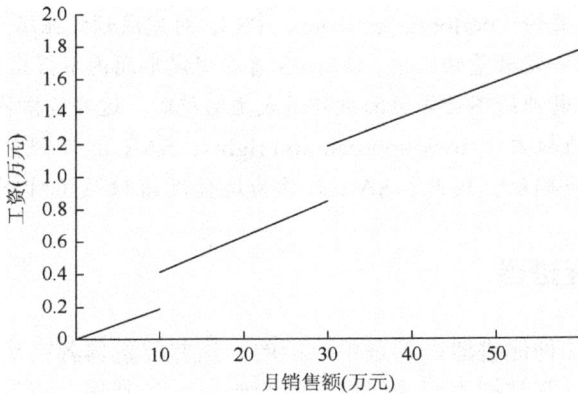

图 4-4 分段线性分成奖励

4. 期权

期权是 20 世纪 90 年代在美国产生的专门针对企业管理者"长期行为"的一种"回报促进器"。这种制度部件主要是为了治理企业家的"短期行为"而发明的。

在 20 世纪 90 年代之前,对企业管理者"经营行为"的促进器主要是"阶梯奖励"和"分成奖励",这种促进器的优点是对目标行为的促进力度比较大,但缺点是容易使企业家产生"短期行为",即企业家为了追求考核期内(通常为一年)的业绩(这通常是用来计量奖励的行为测度),不惜通过损害企业长期发展的方式来取得"短期业绩"。例如,减少或取消生产设备的维修时间来多生产产品,导致生产设备过早地损坏;一些矿山类企业突击采掘迅速产生效益的有用成分含量高的"富矿"和便于集中开采的"厚矿"而丢弃"贫矿"和"薄矿",等等。这种"短期行为"在国外和国内都出现过,并且一度发展得很严重。

为了治理这种"短期行为",美国的一些企业开始使用"期权"。"期权"指把企业股票送给或者以规定价格(通常低于当时的市价)卖给企业管理者,但企业管理者在接受这些股票后并不能马上卖出,而必须在规定时间后(通常是三年或者更长)才能出售这些股票。这样,如果企业管理者一味地搞"短期行为"导致企业长期发展受阻,企业的股票价格就会下跌,从而导致企业负责人因"期权"股票下跌而承受损失;反之,当企业管理者努力使企业实现较好的长期发展时,企业的股票价格就会上涨,从而使企业负责人的"期权"产生很大收益。

例 4.3 期权的类型

期权主要有如下三种类型:

一是经理股票期权(executive stock option,ESO),给予公司的高级管理阶层以一个固定的执行价格购买公司股票的权利,规定一定时间后方能出售。执行价格与股票出售价格之间的差额,就是期权收益。

二是经营业绩股份（performance shares，PS），对完成预定业绩目标并继续留任的高级管理人员授予一定数量的股票。持有 PS 者在规定期间内不得出售这些股票，如果在此限制期内因经营业绩不佳等原因被辞退或主动辞职，这些股票将被公司收回。

三是股票增值权益（stock appreciation rights，SAR），以现金形式获取期权差价收益，无须行使期权，因此，SAR 又称为现金增值权益（叶克林，2001）。

4.1.3　混合型促进器

前面所述的各种促进器，都是单一型的。这些促进器各有优点，也各有一些不足。在实践中，常常把不同的促进器组合起来，使其优缺点互补，形成性能比较良好的混合型促进器。

1. 同类回报混合型促进器

同类回报混合型促进器，指参与组合的各种回报类型都是相同的，如参与组合的回报都是经济回报或者都是地位回报等。

目前，许多企业对管理者都实行"固定工资 + 奖金 + 期权"的同类回报混合型促进器。

其中，固定工资为无风险回报，主要作用是吸引人才进入企业，只要签订劳务合同即可得到固定工资。

奖金则取决于人才的短期业绩，即在短期就可见的业绩。

期权则取决于人才的长期业绩，这些业绩在当前是不可见的，但在将来却是可见的。期权的作用是防止企业各级管理人员用损害长期业绩的行为来产生短期业绩。

例 4.4　国外企业管理者报酬结构的变化

在 20 世纪 70 年代，企业管理者的报酬主要是基本工资和奖金（叶克林，2011）。

20 世纪 80 年代以后，"经理股票期权"开始出现，在报酬总额中占 20%～30%。但近年来企业管理者的期权收益已经超过固定工资和奖金，《福布斯》杂志通过调查发现，企业管理者的薪酬结构中，股票期权收益的中位数在 1985 年时为 4947 美元，1997 年上升至 88 万美元，增长了 177 倍，而同期的固定工资与奖金的中位数则仅从 73 万美元上升至 122 万美元，增长不到 1 倍。据美国《商业周刊》统计，1997 年在美国收入最高的 10 名首席执行官，股票期权收入占总收入的比重高达 96% 以上。

2. 异类回报混合型促进器

异类回报混合型促进器，指参与组合的各种回报类型是不同的，如参与组合的回报既有经济回报也有地位回报等。

例如，公务员的工作业绩往往难以观测，因此，其实际回报结构常常是"固定收入（与努力水平无关，与是否进入单位有关）+提拔（是努力水平的函数）"。这样，就会促使人们既对进入单位感兴趣，在进入单位后也会努力工作而不至于失去努力动力。在公务员的回报结构中，"固定收入"是经济回报，而"提拔职务"是地位回报。因此，这是一种异类回报混合型促进器。

4.1.4　产出函数回报型促进器

第 9 章、第 10 章的制度结构的理论分析需要一种抽象但规律性严格的回报型促进器。这种回报型促进器，用函数形式表达最为合适。

本书作者设计了一种回报值随努力水平递增但边际回报递减的产出函数型回报促进器。读者将在第 9 章和第 10 章看到，这种抽象的产出函数型回报促进器，在分析制度结构对生产效率的影响方面发挥着相当重要的作用。

设 e_i 为个体 i 的努力水平，个体 i 的回报（或产出）r_i 与其努力水平 e_i 的关系函数为

$$r_i = r_0 - \frac{r_0}{1+e_i}$$

式中，$r_0 \geqslant 0, e_i \geqslant 0$，$r_0$ 为回报的极限最大值，如生产产品时的最大生产能力、捕鱼时的最大收获极限、土地面积固定情况下庄稼的最大产量和产品市场的最大饱和容量等。因此，该产出公式具有一定的现实基础。

该回报函数随努力水平上升趋缓且有上界，其曲线形式如图 4-5 所示。这与经济学中努力水平的边际效用递减理论是一致的。

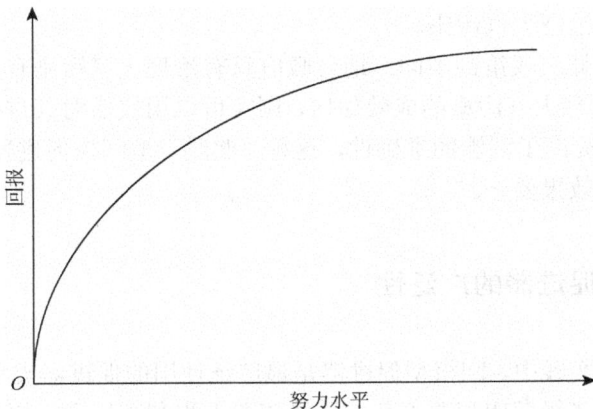

图 4-5　回报与努力水平关系曲线

4.1.5　回报型促进器与观测器的配合

回报型促进器的原理是根据观测到的行为状态给予行为者（在制度下即为被管理者）一定的回报。并且，回报型促进器对行为者行为的反应规则（即行为测度集与期望回报集之间的映射）是公共知识，行为者根据自己对回报型促进器的认识，调整自己的行为，使其发挥最大的效用。

这样，在制度下对行为状态的观测是否准确就成为决定回报型促进器效果的关键因素。因此，在使用回报型促进器时，要特别注意选择与之配合的性能优良的观测器。

例 4.5　治理大气染污的"以奖代补"政策

2014 年 2 月 12 日，国务院召开常务会议，部署对雾霾等大气污染的治理工作。会议提出"安排 100 亿元对重点区域大气污染防治实行以奖代补政策"（马维辉，2014）。以前"补贴"的治理方式，是根据对治理工程立项规划和可行性报告等的审核情况发放补贴，效果不佳；而"以奖代补"的政策，则是先对大气污染治理效果进行评估，只有达到一定标准，才能得到奖励。

简评：

国家鼓励地方政府治理大气污染的办法，原来是根据对治理工程立项规划和可行性报告等的审核情况发放补贴，导致许多地方政府往往只对"争取补贴"感兴趣，在治理工程立项规划和可行性报告上下功夫，而补贴到位后，一些地方政府是否认真治理大气污染，却很难有效地观测。而且，由于补贴先于"治理行为"到位，这时如果再认真地"治理大气染污"，往往意味着经费的巨额支出。这就导致一些地方政府没有"治理大气污染"的回报动力。因此，"补贴"政策难以促进地方政府认真地治理大气污染。

而"以奖代补"政策则不同：地方政府只有治理大气污染有成效后，才能得到"奖励"，而治理大气污染的成效如何，国家可以用仪器对其进行非常有效的观测。可见，由于提高了观测的准确性，这种"奖励"型回报促进器比原来"补贴"型回报促进器的效果要好。

4.1.6　回报型促进器的广泛性

在制度设计实践中，回报型促进器是最广泛使用的促进器类型，工资、奖金、设置职级以形成晋级期望和改善劳动环境或职工福利等规定，再加上执行这些规定的机构，本质上都形成了回报型促进器。

例 4.6　专利制度是回报型促进器

林肯有一句名言：专利制度是给天才之火浇上利益之油。专利制度是促进技术发明行为的回报型促进器。商业发达的威尼斯最早实行专利制度，在 1474 年颁布了《专利法》。目前，专利制度在世界各国都广泛存在。

作为法律制度概念的专利（patent），其基本内容为：对批准为专利的发明，申请人必须将其公布于世，以便让社会了解申请人的发明，知道相关领域的当前进展。但申请了专利的发明，不能被其他人无偿使用。如果有人没有经过专利权人的许可就擅自使用其专利，将被视为"专利侵权"，受到国家依据《专利法》的惩罚。因此，人们通常需要以付给专利权人报酬的方式取得使用许可，这就是所谓的"购买专利"。

4.1.7　不同回报的力度比较——交换效用

1. 回报的比较

在制度设计过程中，常常需要比较各种回报的力度大小。如果参与比较的各种回报都是同类型的，则可以直接比较回报值。例如，经济回报可以直接比较货币收益值（元或者美元等），2 万元经济收入肯定比 1 万元经济收入的回报大，这无论对谁都是一样的。

但不同类型的回报（如经济收入与声誉等）之间，是无法直接比较其回报大小的。这时，首先估计出各种回报的效用，然后比较其效用大小。

2. 回报的效用

在本书中，回报的效用指回报带来的实际收益值，或者说带来的"满足需要的程度"。

从严格意义上说，不同类型的回报之间是不能比较大小的。这样，就需要有一种能够普遍度量这些回报价值的"量"，这个量就是效用。

要注意回报与效用在概念上的区别。

（1）回报的确定性与效用的可变性

回报的大小，是以客观数值来表现的，如收入 1000 元、提升一级职务和受到一次表扬等。回报是一种孤立的概念，它不是在比较中产生的。例如，一万元的经济收入，对收受它的人来说，无论这个人是谁，也无论这个人在什么情况下（如富有或者贫穷），这种回报总是 1 万元。

人们在说到效用时，则是指满足个体需求的程度，是一种抽象收益的大小，而且这种收益常常与接受者当前的情况有关：不同的人或者同一个人在不同情况下，同样的回报，其效用常常是不同的。例如，同样是 1 万元的收入，对一个家徒四壁的穷人与一个亿万富翁来说，效用是完全不同的。

（2）回报的客观性与效用的比较性

回报具有具体的数值，因此，回报的大小具有客观性，其数值不会因为接受者的情况变化而改变。例如，一个人在参加工作初期月收入 5000 元，后来工资上涨，月收入 2 万元。对他来说，当初的月收入永远是 5000 元，不会因为后来月收入的增加，就说自己当初的月收入"不是 5000 元"。而效用是一个因比较（以可比较性为前提）而产生的概念（本书取经济学中的序数效用概念），难以说出具体的"效用值"。例如，在大学本科毕业后进一步选择发展方向时，有人认为"读研"效用大，也有人认为"直接参加工作"效用更大一些等。但两者的效用究竟"相差多少"，谁也无法准确给出。

（3）回报的多样性与效用的唯一性

就某一种具体行为来说，回报可能同时会有许多类型（如经济回报和地位回报等）。但无论是哪种回报，其效用就是效用，没有"各种类型的效用"这样的说法。

3. 交换效用是比较不同类型回报真实价值的客观尺度

交换效用，即效用估计中采用交换原则比较的效用大小，是一种比较不同回报效用的方法。

这种方法不需要对回报效用直接进行计算，而是以人们对不同回报是否愿意交换为判断依据的比较回报效用大小的方法。

如果某人愿意让出回报 r_1 交换得到回报 r_2，则对他来说，回报 r_1 的效用小于回报 r_2 的效用，即 $u(r_1) \leqslant u(r_2)$。

如果某人愿意让出回报 r_1 交换得到回报 r_2，又愿意让出回报 r_2 交换得到回报 r_1，则对他来说，回报 r_1 与回报 r_2 的效用相等，即 $u(r_1) = u(r_2)$。

例如，一个饥饿的人（甲）愿意用 1000 元买另一个人（乙）的一个面包，则对甲来说，面包的效用大于 1000 元的效用；而乙愿意把一个面包以 1000 元的价格出售，对他来说，1000 元的效用大于一个面包的效用。

如果一个人既愿意用 1000 元买一个面包，也愿意用一个面包来换取 1000 元，则说明对他来说，两者效用相同。

其实，在商品交易市场上，对买方来说，买到的商品的效用大于支付的货币的效用；而对卖方来说，得到的货币的效用大于所卖出的商品的效用。这两种情况同时存在，是交易行为得以发生的最根本的基础。

4.2 资源型促进器

行为资源是行为发生的必要条件之一。资源型促进器是通过提供行为资源来使提倡行为具备发生条件的制度部件。

4.2.1 无偿资源型促进器

无偿资源型促进器是为提倡行为提供无偿使用资源的制度部件。

例 4.7 国家自然科学基金委员会资助科研行为

科研行为可以促进社会发展，增强国家实力，提高人民生活水平，因此，它是提倡行为。国务院于 1986 年 2 月批准成立国家自然科学基金委员会。国家自然科学基金主要资助基础研究，在推动我国自然科学基础研究方面取得了巨大成绩。

例 4.8 上海市大学生科技创业基金会资助创业行为

上海市大学生科技创业基金会是全国首家从事推动大学生进行科技创业活动的非营利性公募基金会。提出申请的企业经过审查符合条件后，基金会向其提供 50 万元以下的资金支持，要求受助大学生也出一定资金共办企业，基金会持股不超过 50%，基金会不参与分红，不收取利息。两年后，经营成功的大学生按照原价买回股份；如果经营失败，那么基金会将核销投资，创业者不需要承担责任。

4.2.2 有偿资源型促进器

有偿资源型促进器是为提倡行为提供有偿使用资源的制度部件。

例 4.9 专项贷款

专项贷款是银行业务中具有特定用途的贷款，一般用于支持国家鼓励的投资项目（如老少边穷地区发展经济贷款和扶贫贷款等）。专项贷款为政策性贷款，通常实行优惠利率。其操作程序如下：先由借款单位向专业银行提出申请；专业银行审查通过后，再向人民银行提出申请；人民银行按照信贷政策审批发放贷款。

例 4.10 研发公共服务平台

上海研发公共服务平台是支持企业研发行为的资源服务系统，由科学数据共享、科技文献服务、仪器设施共用和试验基地协作等部分组成。通过这些服务来提升企业创新能力，降低创新创业成本。上海市政府对企业使用研发公共服务平台的仪器设备的成本提供补贴：企业共享使用仪器费用在 5 万元以下的，给予 30% 的补贴；共享使用仪器费用在 5 万元以上的，对超出 5 万元部分给予不高于 15% 的补贴。

4.2.3　资源型促进器与观测器的配合

上述两类资源型促进器，常常与观测器配合使用。例如，国家自然科学基金在资助前需要对申请资助的科研项目进行评审，只有通过评审的项目才能获得资助。其他（如创业基金和专项贷款等）也必须先对申请进行评审，只对通过评审的申请才给予资源支持。

4.3　机会型促进器

行为机会是行为发生的必要条件之一。机会型促进器是通过提供行为机会来使提倡行为具备发生条件的制度部件。

在已经具备行为效用和行为资源的情况下，行为机会就成为行为能否实现的决定性因素。人们常说，个人再有能力，没有展现能力的机会，也是难有大作为的。因此，为提倡行为制度化地安排机会，是机会型促进器的重要功能。

例如，为了促进大学毕业生就业，地方政府定期组织企业专门向高校应届毕业生提供实习机会和就业岗位，实际上就是毕业生"就业行为"的机会型促进器。

再如，一些政府机关为了培养青年干部，为其"创造工作业绩的行为"提供机会，常常将其下放到难点比较多的基层单位，让其有"机会"展露才华，在实际工作中使那些有真才实能的人脱颖而出。

此外，一些企业在选择干部时搞公开竞职演讲，也给那些有思路有办法但平时没有机会展现能力的人提供了一个"展示个人能力的行为"的机会。

一些地方政府主办的面向大学毕业生的"创业信息平台"，实际上也是机会型促进器。因为通过这个平台，毕业生的"创业行为"可以找到市场机会。

习　　题

1. 什么是交换效用？

2. 回报与效用的区别是什么？

3. 为什么回报型促进器需要与观测器相配合？保险公司有对信用度良好的客户减少其保险费用的政策。例如，车主在一定时间内没有任何不良记录，保险公司将会降低其意外险的费用。这属于哪种类型的制度部件？

4. 什么是异类回报混合型促进器？与同类回报混合型促进器的区别是什么？

5. 固定工资的作用是什么？

6. "年限晋级"是固定回报型促进器还是可变回报型促进器？为什么？排序奖励，也被称为"锦标赛机制"，它有哪些优点？不足是什么？

7. 什么是阶梯奖励？其缺点是什么？

8. 什么是努力水平的"失效区间"？哪些促进器存在"失效区间"？

9. 你单位使用的促进器有哪些类型？

10. 企业在进行某项专项项目时，不仅给予其参与人员相关回报，而且提供其项目需要的资源，请问这种制度中共涉及几种促进器？

第 5 章　抑　制　器

阻止目标行为发生或者降低其努力水平的制度部件，称为行为抑制器。可分为回报型抑制器、资源型抑制器、机会型抑制器和成本型抑制器等类型。

本章教学目标

● 掌握抑制器的类型、分类标准、使用原理和适用范围；
● 注意在使用回报型抑制器时，观测器的选择；
● 了解按驱动力划分的抑制器的反应规则；
● 了解抑制器失灵的原因，更好地设计选择抑制器。

抑制器全称为行为抑制器，是用来阻止目标行为发生或者降低其努力水平的制度部件。抑制器通过剥夺行为的条件要素来抑制行为。在制度中，抑制器用来使个体放弃不良行为或者降低不良行为的努力水平。

抑制器有两个要素：一是抑制器的反应规则；二是具体执行这种规则的执行者。为了执行抑制器的反应规则，在实际制度中，抑制器常常与观测器配合使用，并且通常在执行机构上合为一体以节省成本和提高效率。因此，在实际制度中常常存在着"行为测度＋抑制器反应规则＋观测与抑制功能的执行者"这样的观测器与抑制器一体的制度部件。例如，"对官员腐败行为的观测（如发现其消费水平明显超过正常的经济能力，从而对其进行调查等）＋对腐败行为惩罚规则＋腐败行为观测与惩罚的执行机构（如纪律检查委员会与法院等）"就是这样的制度部件。

本章将分别讲述回报型抑制器与成本型抑制器，因此，这里再次强调行为回报与行为成本两个概念的区别：行为成本一般与行为同时发生，只要行为发生，行为成本就必然会发生。因此，行为成本一般不涉及发生概率的问题。而行为回报则一般发生在行为之后。在行为发生后，事先指定的回报能否发生，常常是有一定概率的。因此，才有"期望回报"的概念。

成本型抑制器是一种普遍存在的制度部件，包含两种类型：一种是自然形成的成本型抑制器，这种抑制器是行为性质决定的，即无论是提倡行为还是不良行为，发生行为总是有成本的；另一种是人为设计的成本型抑制器，这种抑制器一般用来对"不良行为"进行抑制。例如，吸烟对健康有害（所以吸烟是一种不良行为），因此，国家对香烟执行高税费政策，以此来加大"吸烟行为"的成本，达到抑制吸烟行为的目的。

5.1　回报型抑制器

回报型抑制器是通过对不良行为施加负回报，并且事先公布负回报与不良行为测度的关联规则，使被管理者对不良行为形成负回报预期，以此来促使被管理者放弃不良行为的制度部件。

对行为状态能否准确观测是决定回报型抑制器效果的关键因素。因此，在使用回报型抑制器时，要特别注意选择性能优良的观测器与之配合。

5.1.1　经济回报型抑制器

经济回报型抑制器，指把"经济回报"与"不良行为的测度"相关联起来的制度部件。这种抑制器的特点是，观测到的不良行为越严重，则行为者在经济方面得到的负回报就越大。

例 5.1　企业污染环境行为的抑制器性能不佳

《中华人民共和国水污染防治法实施细则》加上治理水污染行为的执法机构，是中国境内企业污染环境行为的抑制器。但是，该抑制器性能不佳，导致企业污染环境行为没有得到有效抑制。

总体来看，该抑制器存在以下两个方面的性能缺陷。

（1）负回报太小，无法使企业对污染行为形成充分的负回报预期

《中华人民共和国水污染防治法实施细则》规定：

企业事业单位利用渗井、渗坑、裂隙排放含有毒污染物的废水的，处 5 万元以下的罚款；对造成水污染事故的企业事业单位，按照直接损失的 20%计算罚款，但是最高不得超过 20 万元；对造成重大经济损失的，按照直接损失的 30%计算罚款，但是最高不得超过 100 万元。

例如，某企业曾经造成一次重大污染事故，结果受到最高惩罚，被罚款 100 万元。

再看这家企业的利润，该企业的半年利润为 4.5 亿元，全年利润可达 9 亿元。对一个年利润达 9 亿元的企业，罚款 100 万元，罚款只是利润的 1/900。可见，这个"最大惩罚"，其惩罚力度可以说连"隔靴搔痒"都够不上，更不要说对许多污染环境企业的惩罚多为 5 万元、10 万元的情况了。

（2）执行机构不力，观测力度与执行力度都太低

中国治理污染行为的执法机构显得苍白无力。例如，美国国家环境保护署（United States Environmental Protection Agency，EPA）是一个拥有 17 000 多名员

工，年预算超 100 亿美元的庞大机构；而相应的中华人民共和国环境保护部的公务员仅 200 多人，其对企业污染环境行为的惩罚执行能力可想而知。

除了人员不充分导致的执法能力不足外，不作为等不良风气又腐蚀掉了一部分原本不强的执法能力。据报道，某地方企业向河流排放污水，有群众直接写信给省长，这些信被转到市环保局，市环保局派人到企业去查看，去了两次，明明看到了却什么都不说。

5.1.2　声誉抑制器

声誉抑制器，是把"降低其声誉"的操作与"不良行为的测度"相关联起来的制度部件。这种抑制器的特点是，观测到的不良行为越严重，则行为者在声誉方面得到的负回报就越大。

例如，中国各地方政府设立有"质量技术监督局"，对本地市场上的产品质量进行定期抽查，并且公布所发现的不合格产品的企业名单（这是声誉类的负回报）。这个机构事实上就是对企业"制造不合格产品行为"的抑制器。在这种名单中"上榜"的企业的产品会遭到社会的抛弃，进而导致该企业受到巨大的经济损失（这是经济类的负回报）。如果企业对这些结果之间的联系有一定的认识，就会努力提高产品质量，避免劣质产品。

例 5.2　中国中央电视台的"3·15 晚会"实际上是企业"制造假冒伪劣产品行为"的声誉抑制器

中央电视台一年一度的"3·15 晚会"，是由中央电视台与最高人民法院、最高人民检察院、全国人民代表大会常务委员会（简称"全国人大常委会"）、全国人大常委会法制工作委员会、工业和信息化部、公安部、司法部、农业部、商务部、国家质量监督检验检疫总局、国务院法制办公室、国家知识产权局、国务院食品安全委员会办公室、国家食品药品监督管理总局和中国消费者协会等机构共同主办的维护消费者权益的大型公益晚会。自 1991 年起，每年 3 月 15 日晚上向全国直播。

20 多年来，"3·15 晚会"揭穿了大量的骗局和黑幕，导致全民抵制遭到曝光的假冒伪劣产品，沉重打击了各种不法经营行为。

简评：

中央电视台通过收到举报和派记者调查等方式，实现了对企业"制造假冒伪劣产品"这一不良行为的观测功能，对观测到的不良行为进行曝光（施加负回报的操作），使相关企业的声誉一落千丈，引起全国对其产品的抵制，从而又对企业形成巨大的经济类负回报。因此，这个抑制器的效果是比较好的。

5.1.3 地位抑制器

地位抑制器，是把"降低其地位"的操作与"不良行为的测度"相关联起来的制度部件。这种抑制器的特点是，观测到的不良行为越严重，则行为者在地位方面得到的负回报就越大。例如，对具有腐败行为的官员进行程度不同的"惩罚性降职"，其降职规则与操作机构一起构成了腐败行为的地位抑制器。

5.1.4 回报型抑制器的综合使用

在管理实践中，为了提高抑制效果，常常综合使用各种回报型抑制器。例如，当前各国法律中对触犯刑法的行为一般都会同时处以罚款和监禁。这种惩罚是多方面的，包括经济损失、机会损失、声誉损失和人身痛苦。这时，法律（其实质是负回报与不良行为之间的关联规则）与执行法律的机构就形成了对违法行为的综合性抑制器。

例 5.3 酒驾处罚制度

2011 年 2 月 25 日，十一届全国人大常委会第十九次会议表决通过了《中华人民共和国刑法修正案（八）》，对刑法相关条款进行了修改、增加，首次将醉酒驾车这种严重危害群众利益的行为规定为犯罪，并于 5 月 1 日正式实施。具体规定为："在道路上驾驶机动车追逐竞驶，情节恶劣的，或者在道路上醉酒驾驶机动车的，处拘役，并处罚金。"醉酒驾驶的界定标准为："每 100 毫升血液中的酒精含量高于或等于 80 毫克。"

《中华人民共和国道路交通安全法》（2011 年修正版）第九十一条规定：

饮酒后驾驶机动车的，处暂扣六个月机动车驾驶证，并处 1000 元以上 2000元以下罚款。

因饮酒后驾驶机动车被处罚，再次饮酒后驾驶机动车的，处十日以下拘留，并处 1000 元以上 2000 元以下罚款，吊销机动车驾驶证。

醉酒驾驶机动车的，由公安机关交通管理部门约束至酒醒，吊销机动车驾驶证，依法追究刑事责任；五年内不得重新取得机动车驾驶证。

饮酒后驾驶营运机动车的，处十五日拘留，并处 5000 元罚款，吊销机动车驾驶证，五年内不得重新取得机动车驾驶证。

醉酒驾驶营运机动车的，由公安机关交通管理部门约束至酒醒，吊销机动车驾驶证，依法追究刑事责任；十年内不得重新取得机动车驾驶证，重新取得机动车驾驶证后，不得驾驶营运机动车。

饮酒后或者醉酒驾驶机动车发生重大交通事故，构成犯罪的，依法追究刑事责任，并由公安机关交通管理部门吊销机动车驾驶证，终生不得重新取得机动车驾驶证。

点评：《行政机关公务员处分条例》第十七条第二款规定，行政机关公务员依法被判处刑罚的，给予开除处分。这意味着，今后凡是在道路上醉酒驾驶机动车的，一旦被查获，将面临最高半年拘役的处罚。其性质也由过去的行政违法行为变为刑事犯罪行为。而公务员醉驾几乎等同于砸掉自己的"铁饭碗"。

5.2　机会型抑制器

机会型抑制器是通过对不良行为剥夺（全部剥夺或者部分剥夺）其行为机会，以此来使不良行为无法发生或减少其发生概率的制度部件。

5.2.1　准入式机会型抑制器

准入制度与相应的执行机构可以形成准入式机会型抑制器。准入制度是参与某种行为的行政许可制度，要求只有通过一定资格审查的个体（企业或个人）才能参与有关行为。通过这种方式，可以使没有通过资格审查的个体失去选择有关行为的机会。

例 5.4　食品生产许可证制度

食品生产许可证制度与相应的管理机构组合在一起，实际上形成了"生产不合格食品行为"的机会型抑制器。

为了防止企业生产不合格的食品危害人民健康，中国对食品生产加工企业实行食品生产许可证管理。监管机构对食品生产加工企业的生产环境、设备、工艺、原材料、产品标准、技师资质、储运安全水平、检测管理和包装情况等进行审查，并且还要对产品抽样检验，以此对企业的食品安全水平进行评估。对评估合格的企业，颁发食品生产许可证。从法律上说，只有持有食品生产许可证的企业才能生产食品类商品。

国家设立食品生产许可证制度并且建立相应的监管机构进行管理，目的是禁止没有生产食品资质的企业生产食品。但目前的情况是，该抑制器的效果并不太理想，原因是执行者力量太弱，特别是大量存在的生产环境很差的小企业，使监管机构执法队伍力不从心。

例 5.5 注册会计师制度

注册会计师制度及管理机构形成"会计素养较低人员从事审计工作"的机会型抑制器。

相关法律规定，在会计师事务所从事审计工作的人员必须有注册会计师证书。而取得注册会计师证书，除了要求通过严格的会计知识考试之外，还将对申请证书的人员进行严格的资格考查，对受过刑事处罚的，以及在财务、会计、审计、企业管理或者经济管理工作中因犯有严重错误受行政处罚、撤职以上处分的人员，一律不能取得注册会计师资格。

例 5.6 住房限购政策

中国政府在 2011 年为了防止房价上涨过快，出台"限购政策"。这种政策加上执行政策的相关管理部门，构成了抑制"购买多套住房行为"的机会型抑制器，使一些人购买多套住房的行为无法实现。例如，上海市市政府规定，对在本市已拥有 2 套及以上住房的本市户籍居民家庭、拥有 1 套及以上住房的非本市户籍居民家庭、不能提供 2 年内在本市累计缴纳 1 年以上个人所得税缴纳证明或社会保险（城镇社会保险）缴纳证明的非本市户籍居民家庭，暂停在本市向其售房。该规定的出台会使相当一部分人失去在上海市购房的机会。

5.2.2 信息屏蔽式机会型抑制器

信息屏蔽制度与相应的执行机构形成信息屏蔽式机会型抑制器。信息屏蔽制度通过对不良行为的行为者采取一定的措施进行信息屏蔽，使其不良行为受到抑制。

例 5.7 编号代替姓名实现匿名评考卷

在中国的"高考"评考卷过程中，为了防止评分人员出现"给关系人高分"的不良行为，采取对考生编号的方法隐去考生姓名。这种方法加上实施这种编号制度的机构，就是一种机会型抑制器，这种抑制器能够使评卷者失去作弊的机会。

例 5.8 信息屏蔽治理走私

走私分子通常通过贿赂海关官员来进行走私，其一般过程是：走私分子事先贿赂自己熟悉的海关官员，这些海关官员会提前告知走私分子自己执勤的通道和上岗时间，走私分子有针对性地选择通道和时间，这样就可以"不出事"地携带走私品通过海关。为了抑制"通过贿赂海关官员走私"这种不良行为，某地海关对 200 多名海关官员实行了"上班后上岗前 5 分钟才临时通知具体上岗通道位置，并且这些官员一律不得携带手机上班"的制度。这样就使走私分子无法了解自己熟悉的海关官员的上岗通道与时间，再也无法有针对性地选择所谓的"安全通道"了。采用此办法之后，该海关的走私事件大为减少。

5.3 资源型抑制器

资源型抑制器是通过剥夺不良行为的行为资源来抑制不良行为的制度部件。

例 5.9 禁枪制度

禁枪制度与相应的执行机构形成刑事犯罪行为的资源型抑制器。

枪支是刑事犯罪的重要行为资源，为了抑制刑事犯罪行为，中国政府实行严格的禁枪制度。

《中华人民共和国枪支管理法》（2015 年修正版）第三条规定，国家严格管制枪支。禁止任何单位或者个人违反法律规定持有、制造（包括变造、装配）、买卖、运输、出租、出借枪支。国家严厉惩处违反枪支管理的违法犯罪行为。任何单位和个人对违反枪支管理的行为有检举的义务。国家对检举人给予保护，对检举违反枪支管理犯罪活动有功的人员，给予奖励。

第四条规定，国务院公安部门主管全国的枪支管理工作。县级以上各级人民政府公安机关主管本行政区域内的枪支管理工作。上级人民政府公安机关监督下级人民政府公安机关的枪支管理工作。

《中华人民共和国刑法》（1997 年修正版）第一百二十八条规定，违反枪支管理规定，非法持有、私藏枪支、弹药的，处 3 年以下有期徒刑、拘役或者管制；情节严重的，处 3 年以上 7 年以下有期徒刑。

例 5.10 抑制"大学生饮酒行为"的资源型抑制器

某大学曾发现有部分学生在校内饮酒，造成花钱、出事和影响学习等不良后果。于是，学校明文规定"禁止学生喝酒"。这是一种针对学生饮酒行为的资源型抑制器。其中，反应规则是禁止学生喝酒的处罚规定，而执行者则是辅导员队伍。实践下来发现该抑制器效果不佳：一是观测难，学生喝酒有许多地点，宿舍及校园各角落都是可选择的地方，而辅导员无法随时随地陪伴学生，因此，学生的喝酒行为常常难以发现，这说明与抑制器配合的观测器性能不良；二是惩罚轻，喝酒行为不是大错，无法重罚，通常是"谈话批评"，对学生也无威慑作用，这是抑制器的规则不力。因此，该抑制器难以发挥作用，学生的喝酒行为难以得到制止。结果是，"禁止学生喝酒"的规定成为一纸空文，一些大学生用助学金喝酒，钱用完就向同学和老师借。

后来，学校终于找到了整治的办法，把学生的助学金直接打到其饭卡中，而这些饭卡不能提取现金，只能在学校食堂吃饭使用，而学校食堂禁售酒类。这样，一些学生想喝酒却无法购买，助学金只能用来吃饭。自此，该大学的学生酗酒行为大为减少。

这里，"助学金直接入饭卡"和"食堂不卖酒"等都是资源型抑制器的规则，而助学金管理机构、饭卡管理机构和食堂管理机构等是执行规则的机构，它们结合起来形成抑制大学生"喝酒行为"的资源型抑制器。对"学生喝酒"这种行为来说，资源型抑制器比回报型抑制器的效果好，因为"助学金直接入饭卡""食堂不卖酒"这些规则，都很容易被执行者执行，具有良好的可操作性。

从这个例子可以看出，不同抑制器的效果往往相差很大。因此，在制度设计时要注意选择合适的抑制器。

5.4 成本型抑制器

5.4.1 自然形成的成本型抑制器

多数成本型抑制器都是非制度因素形成的。这种抑制器，称为"自然形成的成本型抑制器"，简称为"自然成本抑制器"。这种抑制器的反应规则的规律性通常都比较强（如生产成本随生产规模的扩大而线性增加），大多可以用函数描述。

例如，经济学中企业生产的"固定成本＋可变成本"的成本函数，其中，可变成本常见的形式有努力水平（通常用企业生产规模来表示）的线性递增函数或非线性递增函数。当生产规模很大时，固定成本可以忽略，企业生产成本只与生产规模有关。这时，线性成本函数的形式为

$$c_i = e_i$$

式中，c_i 为企业 i 的成本，$c_i \geqslant 0$；e_i 为生产规模，$e_i \geqslant 0$。

该线性成本函数在第 9 章和第 10 章对制度结构的理论分析中，与本书作者设计的"产出函数回报型促进器"（见第 4 章）一起发挥了很大的作用。

5.4.2 人为设计的成本型抑制器

人为设计的成本型抑制器，是一种通过增加不良行为的成本来抑制不良行为的制度部件。

例如，各国的边防部队与各种防御设施，是敌人"进攻行为"的人为设计的成本型抑制器。敌人如果来进犯，必定会付出巨大的代价。一些企事业单位的各种防盗措施（如防盗门、防盗沟和围墙等设备）是"盗窃行为"的人为设计的成本型抑制器，小偷在实施盗窃时必然会由于这些设施的存在而付出更多的成本。

5.5　按驱动力划分的抑制器

本章中前面分析的回报型抑制器、资源型抑制器、机会型抑制器和成本型抑制器等分类，是按抑制器所操作的行为条件要素类型划分的。

如果按抑制器的驱动原理来划分，则可分为自动反应型抑制器和设计反应型抑制器。

5.5.1　自动反应型抑制器

自动反应型抑制器，是一种由自然规律或社会规律自动实现其反应规则的抑制器。例如，人们在家里做饭，如果不讲究卫生，会导致自己和家人的健康受到伤害。这实际上是一种自动反应型抑制器。

在制度设计过程中，可以尽量利用这种自动反应型抑制器来抑制不良行为。这是因为，自动反应型抑制器是"自然形成的"抑制器，一般都不需要管理成本。

例 5.11　"不公平分粥"的抑制器

本书在 1.1.2 节中曾经讲述了一种"分粥的制度"，说的是一个由七个人组成的小组，每天有一桶粥要大家分着吃，但无论谁担任"分粥员"，总是"不公平分粥"，给自己的粥多，给别人的粥少。最后，大家想出的解决办法是"分粥者最后拿粥"，也就是分粥的人必须等其他人都挑完后才能拿剩下的最后一碗粥。这样一来，分粥的人为了避免给自己留下的那碗粥是最少的，就特别认真地把每份都尽量分得平均。从此以后，大家和和气气，快快乐乐，一切矛盾都没有了。

读者可以思考一下，这个例子中，是什么抑制了"不公平分粥"行为呢？

是"分粥者最后拿粥"这个"取粥的规则"形成了一种自动反应的抑制器：如果分粥者"不公平分粥"，那么大家都会先拿走"粥多一点的碗"，留下的总是那碗"最少的粥"，这样，不公平分粥这种不良行为就有一种"负回报"。这时，分粥者如果想吃得多一些，只有尽量把粥分得平均一些。

自动反应型抑制器并不仅限于回报型的。例如，家长发现小孩逃学在学校附近网吧上网，从而大幅减少平时给小孩的"零用钱"，导致小孩不再有钱上网吧。从家长对学生的管理角度来看，这是一种自动反应的资源型抑制器。家长如果联合起来，请政府管理部门把学校附近的网吧清理掉，使小孩失去进网吧的机会，这实际上形成了对"去网吧上网行为"的自动反应的机会型抑制器。

在管理实践中，自动反应型抑制器通常可以由不良行为受害者作为反应规则的执行者。其因不良行为的存在而利益受损，因此，执行"抑制规则"的动力最强。例如，一些地方的环保管理部门人力不足，如果聘请一些污染受害地区的群众当环境执法员，他们一定会十分努力地工作。

5.5.2 设计反应型抑制器

设计反应型抑制器，是根据人为设计的反应规则实现对某种行为起抑制作用的制度部件。本章的例 5.1～例 5.11，都是设计反应型抑制器。这种反应器不仅反应规则是人为设计的，一般还需要专门的执行者来实现这些反应规则，因此，管理成本相对比较高。

5.6 抑制器的抑制失灵

抑制器的抑制失灵，是指抑制器对不良行为失去抑制作用的情况。从失灵原因的角度分类，抑制器的失灵主要有极限式失灵与补偿性失灵两种情况。

5.6.1 极限式失灵

极限式失灵，指抑制器对回报、资源和机会等行为条件要素的剥夺已经达到极限，无法再进一步剥夺，从而失去抑制作用的情况。这种情况，其实只有"有者"才能被剥夺，如果对方一无所有，也没有什么可以被剥夺的。

例如，前面介绍的声誉抑制器只能对一些声誉较高的大企业起作用，也只有这些大企业才怕声誉受到影响；而对于声誉本来就不佳的小作坊来说，一般都不会很在乎声誉情况。中国的许多"山寨产品"主要是靠"价格超低"来打天下，其中，绝大多数产品在出售时就已经声明是"山寨货"，根本不用在乎声誉问题。

由于抑制器存在极限失灵现象，在使用和设计抑制器的时候，一是要注意被管理者是否具有抑制器拟剥夺的行为要素；二是要注意不要轻易地把惩罚用到最大，否则以后就没有惩罚的余地了。

例 5.12　硕士研究生入学考试作弊惩罚"成绩归零"与"三年禁考"对差生无作用

为了治理研究生入学考试中的作弊行为，教育部规定对作弊考生，成绩归零，同时给予三年内禁止考试的处罚。

这个规定乍一看似乎很严厉，但实际上，它对差生的威慑作用不大。

这里一个重要问题是，作弊的主要是什么样的学生？

一般来说，如果考生的学习成绩很好，一般不用作弊也能考取，因此，无须作弊，更何况作弊还有被抓到后成绩归零的风险。

　　学习成绩很差的考生，正常考试根本不可能考取，因此，想考取也只能作弊。对这些本来就无法正常通过考试的考生，成绩归零也好，三年禁考也好，其实都不是损失；反之，如果作弊没有被发现，反而有可能考取。对他们来说，如果不作弊则一点考取的希望都没有；如果作弊，通过考试还有一定可能性。显然，他们的"最优行为"是"作弊"。

5.6.2　补偿性失灵

　　补偿性失灵是指抑制器拟剥夺的行为要素存在无法控制的额外补偿，这时抑制器的效果会大受影响。

　　例如，对经济回报型抑制器来说，如果被管理者有本单位以外的经济收入，则经济回报型抑制器就会效果不佳；如果本单位以外的经济收入充分大，被管理者甚至会"根本不在乎"本单位"扣发奖金"一类的惩罚。这时，使用经济回报型抑制器也就无法抑制其不良行为了。

　　再如，国家的"禁枪"政策（资源型抑制器）使人们无法在正规的商店中买到枪支，从而在抑制恶性刑事案件方面发挥了较好的作用。但是，枪支黑市的存在，则在一定程度上影响了该抑制器的效果。

　　由于抑制器补偿性失灵现象的存在，在制度设计中选择抑制器时，要注意拟使用的抑制器所剥夺的行为要素是否存在补偿情况。

习　　题

　　1. 什么是抑制器的失灵？

　　2. 什么是补偿性失灵？

　　3. 什么是极限式失灵？行为抑制器出现极限式失灵的原因是什么？如何避免？

　　4. 抑制器的工作原理是什么？

　　5. 从驱动力角度来划分，抑制器可分为几种类型？

　　6. 按抑制器所操作的行为条件要素类型划分，抑制器分为几种类型？

　　7. 你所在单位需要管理的不良行为有哪些？使用了什么抑制器？

　　8. 行为成本与行为回报，主要有哪些区别？

第6章　孙氏图及五种基本制度结构

在制度工程设计中，利用孙氏图提供的图形符号与规则系统来描述制度结构的组成，可以更好地保证制度结构的效果和成本。

本章教学目标：

- 理解孙氏图的意义及孙氏图中各种术语概念；
- 掌握孙氏图中部件和行为集的符号、编号规则和绘图规则；
- 掌握孙氏图下五种基本制度结构。

6.1　孙氏图的意义

孙氏图是本书作者开发的一种专门用来描述制度结构的符号图，全称是"制度设计的图形符号与规则系统"。因该名称过于烦琐，因此将其命名为"孙氏图"。

孙氏图的重要意义主要有如下几个方面。

6.1.1　孙氏图对制度结构的描述十分简洁清楚

应当说，管理制度问题一直是管理学和经济学研究的主要内容。但多年以来，鲜有取得良好效果的管理制度研究。造成这种情况的主要原因是制度分析的科学性差，没有通用的制度设计工具和技术，大部分的制度研究主要依靠个人经验和思考，从而导致研究不深，常常顾此失彼。特别是没有一个用简洁符号表示的制度整体结构图，仅凭直觉和经验难以观察制度的多种因素和复杂结构，也难以形成科学的统计与计算，对各种制度结构的效果和成本难以准确比较和取舍。对同样的制度问题，人们提出的治理方案常常五花八门，这主要是因为人们的建议来自因人而异的个人经验。

孙氏图就是为了解决上述问题而开发出来的。它好比制度结构的"电路图"，用各种抽象的符号来表示制度的"部件"，用连接线把相关制度部件连接起来，形成一个清晰而完整的制度结构图，使制度的各种要素及其相互关系变得一目了然。

6.1.2　孙氏图能够使制度设计变得如工程设计般简洁

由于孙氏图是制度结构的一种准确而简洁的表达方法，制度设计可以不再像以往那样盲人摸象，而是可以像工程设计那样，通过孙氏图来描述制度，使用孙氏图来分析制度中当前存在的问题，利用孙氏图来改进当前的管理制度（即制度设计）。

6.1.3　利用孙氏图可以清楚地对各种管理制度结构进行分类

在管理实践中，存在着大量的管理制度，一般来说，没有简洁的制度描述工具来准确地描述各种制度的特征，很难对这些制度进行合理的分类。孙氏图是对管理制度的一种抽象的描述方法，可以把各种制度的最基本特征描述出来，舍弃各种非本质的、非关键的特征，从而能够使人们清楚地看出许多不同领域的管理制度实质上是同一类制度，也能够使人们清楚地看到不同类型制度的根本差别所在。这样，就可以实现对管理制度的合理分类，使人们对各种管理制度的认识深入其本质特征。

后面将看到，通过孙氏图分析，现实中所有的管理制度结构，实际上只有五种类型。这个结论是本书的一个重要发现。

6.2　孙氏图中的术语概念

6.2.1　行为者

行为者，指一类具有共性和共同利益取向的被管理者。例如，考试制度下所有参加考试的考生，如果认为其能力都一样，则可以看作一类被管理者，即一个行为者；但如果把考生分为优良生、中等生、差生，则为三个行为者。

可以按制度下行为者的多少，对孙氏图所描述的制度进行分类。只有一个行为者的制度为单行为者制度；如果行为者多于一个，则为多行为者制度。

6.2.2　行为与行为集

行为者在管理制度下能够根据对效用的判断做出的选择称为行为，某个行为者在某件事上所有的可能选择构成了其在这件事上的行为集。例如，作为考生的行为者，可以选择正常考试，也可以选择作弊。这里，"正常考试"和"作弊"都是行为，这两种行为组成了考生这个行为者的"行为集"。

行为集有离散和连续之分。

离散行为集中，元素为各种相关行为 b_i。一个离散行为集中至少有 2 种行为。行为集必须是完备和互斥的，即行为者必须在行为集中选择一种行为（完备性）并且只能选择一种行为（互斥性）。在只有一个行为者的制度下，下标 i 表示该行为者的不同行为。在有多个行为者的制度下，下标 i 一般为双组数，既表示不同的行为者，也表示同一行为者的不同行为。下标 i 的具体表现规则请见 6.1.4 节。

连续行为集中，元素为某一行为的努力水平 e_i。努力水平的取值是连续的。注意 $e_i > 0$。这时，下标 i 通常表示制度下的不同的行为者。

在一些制度模型中，离散行为集中的行为 b_i 也是有努力水平 e_i 的，在这种情况下，行为者对行为的选择既可能是各种行为 b_i，也可能是努力水平 e_i。而行为者的选择究竟是什么，则需要根据具体制度来确定。在各种制度的孙氏图中，对此一般会有说明。

6.2.3　制度部件

制度部件是制度设计者用来控制行为者进行行为选择的装置。除"结果"这个过渡性部件之外，其他部件在孙氏图中称为"××器"，如促进器、抑制器和观测器等。

6.2.4　线段

线段用来连接孙氏图中的各种因素。线段表示各因素之间的影响关系。

为了简洁，线段一般都采用无箭头的直线或折线，但在容易引起歧义的情况下，可以使用箭头表示影响的方向。这时，箭头指向被影响的一方，箭头来源一方为发挥影响作用的一方。

6.3　孙氏图中的部件和行为集的符号

6.3.1　结果

结果的英文为 consequence，因此，本书把结果的字母符号规定为 con。

在孙氏图中，常常需要表示行为之后的某种结果。例如，在多个个体合作时，合作会产生结果（如合作抬起重物），这个结果再引起一定的行为回报（如得到工资等）。结果的图形符号如图 6-1 所示。

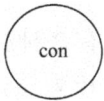

与其他部件一样，结果也往往有自己对行为的反应规则（自然规则或者制度规则）与执行这种规则的执行者（自然执行者或者制度执行者）。但当这种结果对行为者的行为有直接影响意义时，它实际上就是行为促进器或者行为抑制器，这时一般直接用"促进器"或"抑制器"概念来表示。只有当结果不能直接表现出对行为的影响意义时，才用"结果"概念来表示。因此，在孙氏图中，"结果"是一种过渡性部件。

图 6-1　结果

6.3.2　促进器

促进器的英文为 promoter。在制度中用促进器对行为进行激励。当需要某行为发生或提高努力水平时，常常对该行为置以促进器。

在实际的孙氏图中，促进器有三种类型：回报型促进器、资源型促进器、机会型促进器。

1. 回报型促进器

回报型促进器，用行为的正回报来促进行为发生或提高努力水平。例如，工资和资金及提升职务等都是回报型促进器。

回报型促进器的图形符号如图 6-2 所示，字母符号用 r 表示。

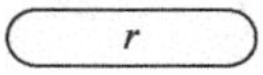

2. 资源型促进器

图 6-2　回报型促进器

资源型促进器，用提供行为资源的方式，使行为具有发生条件或者具有提高努力水平的条件。例如，为了促进"科学研究"这种行为，国家经常设立"科研项目"，为开展科研活动提供一定的资金支持。这里，设立科研项目这种措施，其实就是"科学研究"这种行为的一种资源型促进器。

资源型促进器的图形符号如图 6-3 所示，字母符号用 res 表示。

3. 机会型促进器

机会型促进器，用提供机会的方式，使行为具有发生的可能性。例如，"高考制度"就是"参加高考"这种行为的机会型促进器，因为前者使后者具有发生的可能性。

机会型促进器的图形符号如图 6-4 所示，字母符号用 opp 表示。

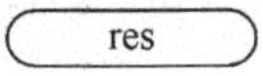

res		opp

图 6-3　资源型促进器 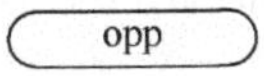　　　　　　　　图 6-4　机会型促进器

6.3.3　抑制器

抑制器的英文为 suppressor。在制度中用抑制器对行为进行压制。当需要促使某行为不发生或降低努力水平时，常常对该行为置以抑制器。

在实际的孙氏图中，常用的抑制器有四种类型：回报型抑制器、资源型抑制器、机会型抑制器、行为成本型抑制器。

1. 回报型抑制器

回报型抑制器，用行为带来的负回报，即行为带来的损失，来抑制行为发生或降低努力水平。例如，惩金和降低职务等都是回报型抑制器。

回报型抑制器的图形符号如图 6-5 所示，字母符号用 s 表示。

2. 资源型抑制器

资源型抑制器，用剥夺行为资源的方式，使行为失去发生条件，或者降低努力水平。例如，为了减少"持枪抢劫"这种行为，许多国家都采取"禁止销售枪支"的措施。这种措施，其实就是"持枪抢劫"这种行为的一种资源型抑制器。

资源型抑制器的图形符号如图 6-6 所示，字母符号用 res 表示。

s		res

图 6-5　回报型抑制器　　　　　　　　图 6-6　资源型抑制器

3. 机会型抑制器

机会型抑制器，用剥夺机会的方式，使行为减少或失去发生的可能性。例如，在评职称时，对评委名单进行"保密"的措施就是"对评委行贿"这种行为的机会型抑制器，因为前者使后者减少甚至失去发生的机会。

资源型抑制器的图形符号如图 6-7 所示，字母符号用 opp 表示。

4. 行为成本型抑制器

行为成本型抑制器简称行为成本，英文为 cost。

行为成本在本质上也是对行为的一种抑制器，因此，其在孙氏图中的图形符号与其他抑制器相同（图 6-8），字母符号用 c_i 表示，下标 i 通常表示行为者，当制度中只有一个行为者时，其下标可省略。

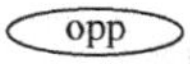

$$\boxed{opp}$$

图 6-7　机会型抑制器

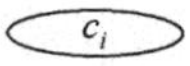

$$\boxed{c_i}$$

图 6-8　行为成本

6.3.4　观测器或分类器或概率器

在孙氏图中，观测器、分类器、概率器的本质作用是相同的，因此，其字母符号都是 $p_{i1}, \cdots, p_{in}$（在实际的孙氏图中，为了简单，在不会引起混淆时，也用 p_i 来表示，如观测器 p_{21}/p_{22} 可以用 p_2 来简洁地表示），其中，i 一般是所观测行为 b_i 的下标。观测器的特点是一端输入 n 端输出（一个有 n 端输出的观测器称为 n 元观测器），并且每个输出都有一定的概率，并且这些概率 $p_i + p_{i+1} + \cdots + p_{i+n} \leqslant 1$。这些概率之和不一定等于 1，是因为在孙氏图中，无意义的结果输出可以省略。这样，观测器、分类器、概率器的输出不一定是完备的（完备性指包括所有可能的结果）。在实际的孙氏图中，其输出是否为完备的，要看具体需要而定。

但要注意，观测器、分类器、概率器的输出却有互斥性的要求，即对某个特定的输入，至多只能输出一种结果，而不能同时输出两种结果。例如，观测器对某种要观测的行为，结果只能是"观测到"，或者是"没有观测到"，两者只能出现其一。

观测器、分类器、概率器主要在用途上或者意义上有一些差别。

观测器指对行为者的行为进行观测的装置。例如，在考试时的监考，就是观测器。观测器对已经发生的离散行为的观测，会有"观测到"和"没有观测到"两种结果，而且究竟出现哪种结果，是有一定概率的（即观测器的灵敏度或者观测力度，这与观测器的性能有关），通常情况下并不是百分之百。

因此，对离散行为进行观测的观测器的特点，通常是一个输入端两个输出端（即二元观测器）。图 6-9 是用于对离散行为进行观测的观测器的图形符号，用字母符号"p_1/p_2"或者 p 表示，其中，p_1 是"观测到"的概率，p_2 为"没有观测到"的概率。

实际上，也有多于两个输出端的观测器。这样，可以根据输出端的数量对观测器进行分类：具有两个输出端的观测器称为二元观测器，三个输出端的观测器称为三元观测器，等等。例如，对某种行为进行观测时，如果观测到的可能结果分为"行为没有发生、行为发生但低努力水平、行为发生并且高努力水平"，则这个观测器就是三元观测器。

分类器是对某种事物进行分类的装置。例如，可以通过"考试"把学生分成"优等生、良好生、中等生、差生"，因此，可以把"考试"看作一种分类器。实际上，把"考试"理解成观测器也无不可，即把学生的类型看作观测结果。这样，"考试"就可以被看作是"四元观测器"。由此不难看出，观测器与分类器在本质上的确是相同的，实际上，分类也是通过观测进行的。图 6-10 是一个三元分类器"$p_1/p_2/p_3$"的图形符号（p_1、p_2、p_3 分别指三种可能性发生的概率）。

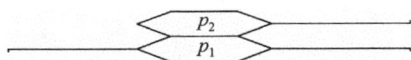

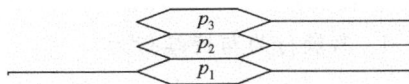

图 6-9　二元观测器　　　　　图 6-10　三元分类器

有时，事项在经过某一环节时，以一定的概率出现某种结果，以与该概率互补的概率不出现这种结果，而"不出现这种结果"这种情况，在孙氏图中没有什么意义。这时，"不出现这种结果"这种情况就可以在输出端省略，从而产生了只有一个输出端的"分类器"。例如，"考试"这个环节，其结果可能是"通过"或者是"没通过"。但如果在孙氏图中"没通过"没有什么意义，则可以略去这种结果。这样，"考试"这个环节就只有一个输出端"通过"，并且这个输出是有一定概率的。这种只有一个输出端的分类器，不能称为一元分类器（因为它实质上是二元的，即实质上是有两个输出端的，只是在孙氏图中省略了一个互补概率的输出端。实质上只有一个输出端的制度部件，不能称为"分类器"，因为既然是分类，就至少要把事项分成两类），而是称为"概率器"，如图 6-11 所示。

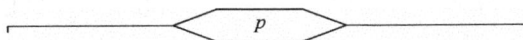

图 6-11　概率器

这种概率器，在孙氏图中经常用来连接行为与预期结果，表示的是行为发生后，出现预期结果是有一定概率的，并不是必然的。

6.3.5　行为者与行为集的符号

在孙氏图中，行为的英文为 behavior。在离散行为集的情况下，通常用字母符号 b_i 表示行为集中的第 i 种行为。如果是连续行为集，则用字母符号 e_i 表示第 i 个行为者的连续行为集（连续行为集中的元素通常是连续的不同的努力水平等）。其下标的意义不同，是因为在随后的第 7～10 章的制度分析过程中，在制度中涉及离散行为集时，多为单行为者的制度，而在涉及连续行为集时，多为多行为者的制度。

在随后的制度分析中，一个行为者通常有一个行为集（实际上，一个行为者当然不会只有一个行为集，但由于所分析的制度往往都只是涉及行为者的一个方面的行为选择，如只研究生产行为，或者只研究学习行为等，因此，才这样假设）。在离散行为集的情况下，一个行为集中的各种行为，用横向并列相接的方框表示，其中，每一个方框代表一种行为，每一个方框的上部与下部可画与制度部件的连接线。

下面，按对行为的不同分类方法，分别介绍各类行为的图形符号与字母符号。

1. 离散行为与连续行为

（1）离散行为

若干种离散行为组成了某行为者的行为集，其图形符号如图 6-12 所示（b_1 和 b_2 分别指行为 1、行为 2）。

（2）连续行为

连续行为集，通常是努力水平的集合，即某种行为的不同努力水平所组成的集合，其图形符号如图 6-13 所示，字母符号用 e 表示。

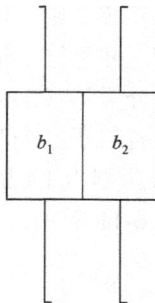

图 6-12　某行为者的二元行为集　　　　　图 6-13　连续行为集

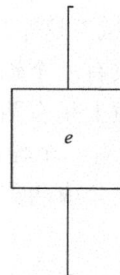

2. 确定行为与概率行为

对离散的行为和连续的行为，可以按确定性分为确定行为与概率行为。

（1）确定行为

确定行为指行为者如果选择了该行为，该行为就一定会出现的行为。即确定行为是否出现，完全取决于行为者是否选择了该行为，再无其他限制。

确定行为的图形符号如图 6-12 所示。

（2）概率行为

概率行为指行为者如果选择了该行为，该行为却不一定会出现的行为，即在行为者已经选择了该行为的情况下，出现该行为的概率是小于 1 的。这种情况往往是行为资源不足或机会不充分造成的。在行为管理制度中，对一些不良行为进行资源或机会的限制，往往可以使不良行为由原来的确定行为变成概率行为。

图 6-14 中 b_1、b_2 分别指行为 1、行为 2；$p(b_2)$ 指概率行为，即在概率符号 p 后面的括号里加相应行为的字母符号。

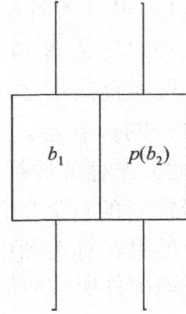

图 6-14　b_2 为概率行为的二元行为集

6.4　行为与部件的编号规则

6.4.1　行为的编号规则

1. 离散行为集的表示

对离散行为集，如果是在单行为者制度的孙氏图中，则直接用下标区分不同的行为。一般情况下，越是需要关注的行为，号码越大。这是因为，在孙氏图中往往会对需要关注的行为设置许多部件，这种编号方式使孙氏图比较容易向右展开。例如，在惩罚制度中，需要对不良行为设置观测器与抑制器，因此，b_1 是正常行为，b_2 是不良行为；在奖励制度中，需要对提倡行为设置观测器与促进器，因此，b_1 是正常行为，b_2 是提倡行为。

对多行为者制度，则在各行为的编号（按同一行为者的行为集中的行为顺序编号）后面加"-"，再加上表示行为者编号的数字。例如，b_{1-2} 表示该行为是第二个行为者的第一种行为。

2. 连续行为集的表示

连续行为的编号，如果是单行为者制度，并且整个制度的孙氏图中只有这一个行为集，则无需用编号加以区分。

对多行为者制度，则直接在表示努力水平的符号上加下标区分不同行为者的行为集。例如，e_1 表示第一个行为者的努力水平（即第一个行为者的连续行为集）。

6.4.2　部件的编号规则

1）单行为者制度中唯一类型的部件不必编号。

在单行为者制度中，如果某类型的部件在整个孙氏图中只有一个，则不必编号，只需直接用字母表示其类型即可。例如，r 表示孙氏图中唯一的促进器，s 表示唯一的抑制器。

2）针对多种行为各采用一个同类型部件时，要把部件类型字母符号加上该部件所针对的行为的编号。

如果在孙氏图中多种行为都各有一个同类型部件，则采用部件类型的字母符号加上该部件所针对的行为的编号，以表示该部件是针对哪种行为的。例如，r_1 表示单行为者制度中对行为 b_1 的促进器，s_1 表示单行为者制度中对行为 b_1 的抑制器；r_2 表示单行为者制度中对行为 b_2 的促进器，s_2 表示单行为者制度中对行为 b_2 的抑制器。

这里，需要注意的是，如果针对多种行为各采用一个同类型部件，并且这些同类型部件为同一规格时（即完全相同），这些部件可以采用同一编号而不加区分。例如，行为 b_1 的促进器的字母符号为 r_1，行为 b_2 的促进器的字母符号也为 r_1。

3）针对同一种行为采用多个同类型部件时，采用部件类型字母符号加上该部件所针对的行为的编号再加上该类型部件的顺序编号。

如果同一种行为具有多个同类型部件，则采用部件类型字母符号加上该部件所针对的行为的编号再加上该类型部件的顺序编号。例如，r_{11} 表示单行为者制度中对行为 b_1 的第一个促进器，r_{12} 表示单行为者制度中对行为 b_1 的第二个促进器；$r_{11\text{-}1}$ 表示多行为者制度中对第一个行为者的第一种行为 $b_{1\text{-}1}$ 的第一个促进器，$s_{12\text{-}2}$ 表示多行为者制度中对第二个行为者的第一种行为 $b_{1\text{-}2}$ 的第二个抑制器。

4）多行为者制度中部件的行为者编号不可省略。

需要注意的是，如果是多行为者制度，则各部件编号中必须有行为者编号。例如，制度中只有针对第二个行为者的第一种行为 $b_{1\text{-}2}$ 的促进器，尽管是整个制度中唯一的促进器，但也要采用 $r_{1\text{-}2}$ 的表示方法，而不能只使用部件类型符号而省略行为者编号和行为编号写成 r。

5）有产生混淆的可能但实践中不多见。

还需要注意的是，这种表示方法，如果单行为者制度中集中的行为很多（如达到两位数），则会产生混淆。例如，r_{11} 既可以理解为对 b_1 的第一个促进器（当对 b_1 采用多个促进器时），也可以理解为对单行为者制度中的第十一种行为 b_{11} 的促进器（当对第十一种行为只采用一个促进器时）。

在实际的孙氏图中，基本上遇不到上述产生混淆的情况，因为基本上没有多达两位数行为的行为集，也很少有针对同一行为多达两位数的同类型部件。

6.5　孙氏图的绘图规则

6.5.1　位置规则

孙氏图中各部件相对于行为集的连线位置有一定的表达意义：凡是对行为有促进作用的部件，其连线连接到该行为的图形符号的上方；凡是对行为有抑制作用的部件，其连线连接到该行为的图形符号的下方。但需要注意的是，这个规则并不绝对。例如，一个观测器从行为图形符号的上方连接，但观测器一个输出端连接的是促进器，另一个输出端连接的是抑制器。

6.5.2　部件的端点规则

部件的端点规则指部件具有正端与负端并且处于部件的不同位置上。促进器、抑制器这类部件，其图形符号为圆角长方形或扁圆形，从而有纵向的长端和横向的短端。这里，把部件横向的短端称为"正端"，而把纵向的长端称为"负端"。这样，促进器、抑制器这类部件，由于其圆角长方形或扁圆形的特点，各自都有两个正端与两个负端。

指向其正端的线的来源表示对其有"产生"或"增大"作用的因素，指向其负端的线的来源表示对其有"变小"作用的因素（图 6-15）。

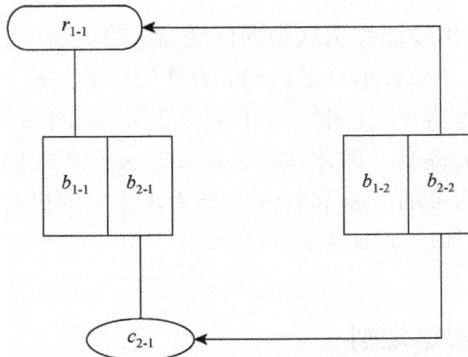

图 6-15　部件的正端与负端

在图 6-15 中，行为 b_{1-1} 连接促进器 r_{1-1} 的正端，表示 r_{1-1} 由于 b_{1-1} 的出现而产生，或者由于 b_{1-1} 的努力水平提高而增大，r_{1-1} 的负端连接行为 b_{2-2}，表示 r_{1-1} 会随着 b_{2-2} 的努力水平提高而变小。

在图 6-15 中，行为 b_{2-1} 连接抑制器 c_{2-1} 的正端，表示 c_{2-1} 由于 b_{2-1} 的出现而产生，或者由于 b_{2-1} 的努力水平提高而力度增大，c_{2-1} 的负端连接行为 b_{2-2}，表示 c_{2-1} 会随着 b_{2-2} 的努力水平提高而力度变小。

6.5.3　线段规则（箭头线规则）

不带箭头的直线一般表示双向关系，即直线两端的部件存在相互影响；带箭头的直线表示单向关系，即箭头线出发点的部件影响箭头指向的部件（图 6-16）。

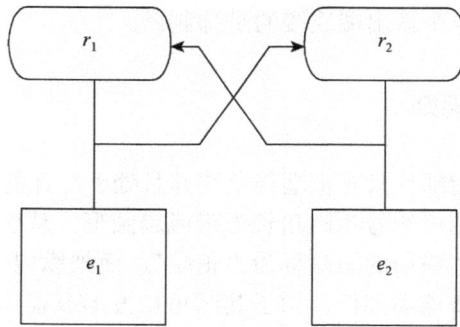

图 6-16　无箭头线与箭头线

图 6-16 中，由 e_1 出发的无箭头线指向促进器（回报）r_1 的正端，表示个体 1 努力水平 e_1 的提高，会使 r_1 增大，反过来 r_1 增大也会使 e_1 提高，即该线段表示 r_1 与 e_1 存在双向作用。由 e_2 出发的箭头线指向促进器 r_1 的负端，表示个体 2 努力水平 e_2 的提高，会使 r_1 变小，箭头表示只是 e_2 对 r_1 有作用但 r_1 对 e_2 无作用。同样，由 e_2 出发的无箭头线指向促进器 r_2 的正端，表示个体 2 努力水平 e_2 的提高，会使 r_2 增大，反过来 r_2 增大也会使 e_2 提高，即该线段表示 r_2 与 e_2 存在双向作用。而由 e_1 出发的箭头线指向促进器 r_2 的负端，表示个体 1 努力水平 e_1 的提高，会使 r_2 变小，箭头表示只是 e_1 对 r_2 有作用但 r_2 对 e_1 无作用。

6.5.4　行为成本的省略规则

每种行为都会有行为成本，与行为回报相比，行为成本在行为发生时就已经支出，而且是必然的支出，不需要用概率来表示（或者说概率为 1）。而行为回报是行为发生后，一般是以一定概率实现的，在孙氏图中有时需要以一定的概率来表示。

在孙氏图中，除非特殊需要（如当有其他行为者的行为或者其他部件指向该行为成本时），当行为成本只与本行为有关而与其他行为或部件无关时（即只影响所归属的行为和只被所归属的行为影响），为了简化，可以不在图中画出（但有时为了强调行为成本的作用，也可以在孙氏图中把行为成本画出来）。但需要注意的是，在计算行为 b_i 的行为效用时，其计算公式中必须包括其行为成本 c_i。

6.6　孙氏图下的五种基本制度结构

在本书的第 7 章、第 9 章和第 10 章将看到，按照制度的基本功能来分类，人类社会中共存在三大类制度，即行为管理制度、任务分担制度和福利分配制度。

其中，行为管理制度的功能是对被管理者进行行为管理，任务分担制度的功能是把任务分配给多个个体，福利分配制度的功能是把"福利"分配给各个个体。

采用孙氏图来分析这三大类制度，可以发现：

在行为管理制度大类中，现实中存在的两种制度（惩罚制度与奖励制度）的孙氏图是相同的，即惩罚制度与奖励制度在结构上属于同一种制度结构。

在任务分担制度大类中，孙氏图有实质差别的只有三种基本制度结构，即双独立制度、回报共享制度和成本公摊制度。其他各种制度都是这三种基本制度的改进或者变形。

在福利分配制度大类中，用孙氏图分析只有一种制度结构，即竞争制度。其他各种制度都是竞争制度的改进。

这样，根据孙氏图的分析结果，人类社会中共存在五种基本制度结构。现实中的各种具体的复杂的制度，都可以看作是这五种基本制度的变形或者改进。

这三大类制度是根据制度的基本功能来划分的。用孙氏图来分析，这三大类制度的孙氏图都具有显著的特征：行为管理制度的孙氏图都具有观测器；任务分担制度中的三种基本制度结构的孙氏图在回报与成本的共用性上规则排列；福利分配制度的孙氏图在促进器上交互关系明显。可见，孙氏图的确是分析制度结构的科学而有力的工具。

下面，初步分析这五种基本制度结构的孙氏图特点。在本书的第 7 章、第 9 章、第 10 章，对这些基本制度将进行详细分析。

6.6.1　行为管理制度的基本结构

行为管理制度的功能是使个体放弃不良行为，选择提倡行为（如使官员廉洁奉公，使学生努力学习和使员工努力工作等）。

人们常常把行为管理制度分为两种类型，分别是惩罚制度和奖励制度。其孙氏图有一个明显的特点，即都有观测器。其中，惩罚制度的观测器针对不良行为，奖励制度的观测器针对提倡行为。从孙氏图的结构来看，这两种制度是相同的。

惩罚制度的孙氏图（以二元行为惩罚制度为例）如图 6-17 所示。

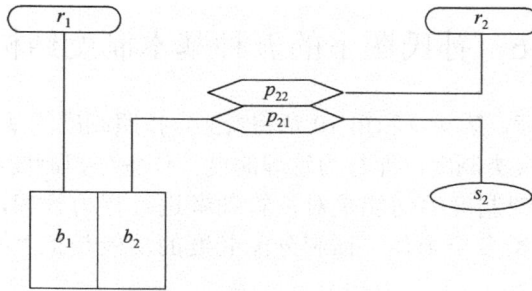

图 6-17　二元行为惩罚制度的孙氏图

（变量含义及图解见 7.1.2 节）

奖励制度的孙氏图（以二元行为奖励制度为例）如图 6-18 所示。

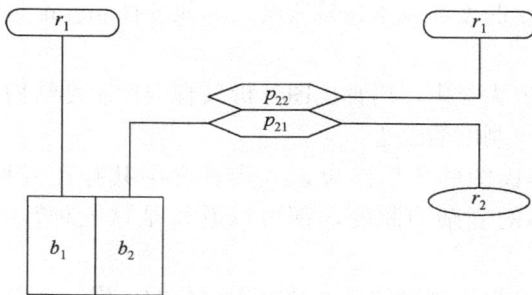

图 6-18　二元行为奖励制度的孙氏图

（变量含义及图解见 7.5.2 节）

6.6.2　任务分担制度中的三种基本制度结构

任务分担制度，是把较大型的任务分配给多个个体，并促使个体完成这些任务的制度。任务分担制度要解决的是如何使个体行为保持在合理的努力水平上，既能够高效率地完成任务，又不引起资源的过度消耗。

从孙氏图的角度看，任务分担制度共有三种基本制度结构，分别是双独立制度、回报共享制度、成本公摊制度。

1. 双独立制度

双独立制度的特点是在被管理者组成的群体中，各个个体的行为回报完全由该个体独享，同时其行为成本也完全由该个体独自承担。双独立制度主要用于可分解成个体劳动的任务，如装卸零散货物和承包耕种土地等。双独立制度的孙氏图如图 6-19 所示。

2. 回报共享制度

回报共享制度是一种多个个体联合成一个集体来完成任务的任务分担制度，其特点是把集体的产出按个体数量平均后作为每个个体的回报，即回报是由成员"平均共享"的。但每个个体的行为成本却是各自独立承担的。

这种制度常常用于产出具有正外部性或者无法按个体成员分配总产出的情况下，如修公路和桥梁和治理环境污染等。回报共享制度的孙氏图如图 6-20 所示。

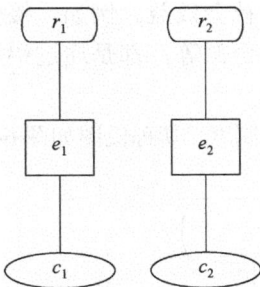

图 6-19　双独立制度的孙氏图（双个体）　　图 6-20　回报共享制度的孙氏图（双个体）
　　　　（变量含义及图解见 9.2.1 节）　　　　　　　（变量含义及图解见 9.3.1 节）

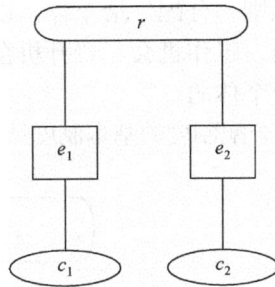

3. 成本公摊制度

成本公摊制度也是一种多个个体联合成一个集体来完成任务的任务分担制度，其特点是行为成本由集体中各个个体成员"平均公摊的"，但各个个体的行为回报却完全是独自享受的。一些具有负外部性的行为，事实上往往是成本公摊制度来管理的。例如，生产过程对环境有污染时，产品的收益归生产企业，但对环境的污染由整个社会来承担；运输公司的营业收入归本公司，但对道路占用导致的拥挤却由整个社会承担等。成本公摊制度的孙氏图如图 6-21 所示。

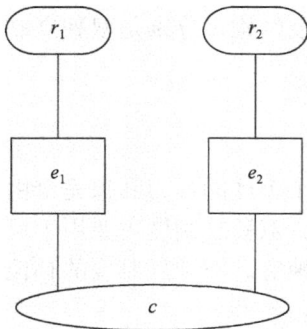

图 6-21　成本公摊制度的
孙氏图（双个体）

（变量含义及图解见 9.7.1 节）

任务分担制度中的三种基本制度结构，其孙氏图的一个明显特点，是行为回报与行为成本的共用性成规则排列。其中，双独立制度中，各个个体之间没有联系，即行为回报与行为成本都相互独立；而回报共享制度中各个个体的行为回报是共同的；成本公摊制度中各个个体的行为成本是共同的。

在第 9 章读者将看到，正是在孙氏图上的这种差异，造成这三种基本制度结构的效果有很大差异：双独立制度下个体努力水平最优；回报共享制度下个体努力水平不足，导致生产效率低下；而成本公摊制度会导致个体努力水平过高，造成对资源的过度消耗和资源枯竭。

6.6.3　福利分配制度——竞争制度

福利分配制度是一种把"福利"分配给各个个体的制度。在社会生活中，许多"福利"常常是有限的，无法满足全部需求。因此，需要把这些福利按一定的标准或原则"分配"给个体，以便使其发挥最大的社会效益。例如，接受高等教育的机会、工作机会、晋升机会和企业产品的市场份额等，都是通过福利分配制度分配给个体的。

福利分配制度的基本制度结构只有一种，即竞争制度，其孙氏图如图 6-22 所示。

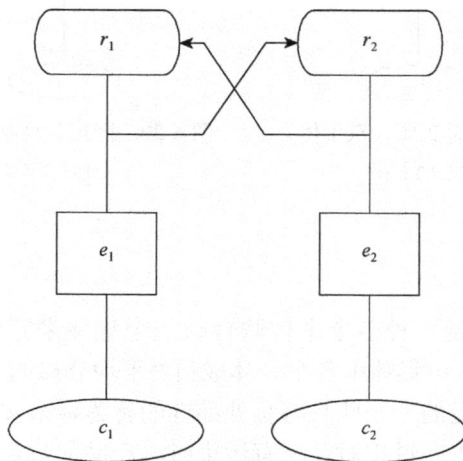

图 6-22　竞争制度的孙氏图（双个体）

（变量含义及图解见 10.1.2 节）

竞争是个体为了消除其他个体对自己的不利影响而采取的有针对性的谋求发展的行为。在现实中，竞争的例子很多，如争取工程项目时的竞标、高等学校入学高考和各国的军备竞赛等。

福利分配制度的孙氏图的明显特点是个体之间在行为回报上交叉影响明显。例如，在竞争制度的孙氏图中（图 6-22），个体之间的交叉影响表现为在行为回报上相互压制。

6.7　五种基本制度结构的一些改进与变形

在现实社会中，为了增强制度的效果，常常需要针对某种基本制度结构的缺点进行改进。此外，为了某种特殊的需要，也常常把某种基本制度结构进行变形来得到新的制度结构。

6.7.1　二元行为惩罚制度的变形——三元行为惩罚制度

二元行为惩罚制度中，行为者的行为集中有两种行为，一种是正常行为，另一种是不良行为。但在一些情况下，也有行为集中有三种行为的情况。例如，对员工的违纪行为惩罚制度，员工可以有三种行为选择，即不违纪、轻微违纪、严重违纪。在这种情况下，就可以把二元行为惩罚制度扩展成三元行为惩罚制度（图 6-23）。

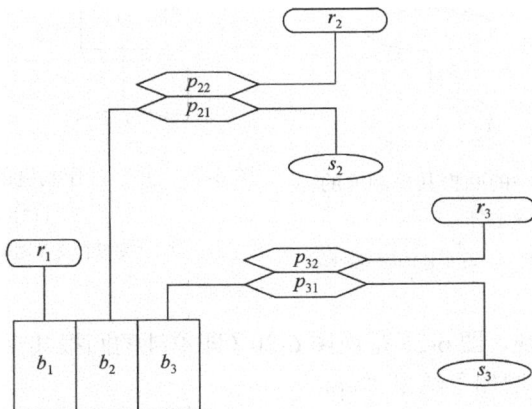

图 6-23　三元行为惩罚制度的孙氏图

（图中字母含义请参照二元行为惩罚制度）

6.7.2　回报共享制度的改进——具有成本补贴的回报共享制度

读者在本书第 9 章将会看到，与双独立制度相比，回报共享制度下个体努力水平偏低。为了解决这个问题，可以对回报共享制度进行改进，变成具有成本补贴的回报共享制度。

　　具有成本补贴的回报共享制度的孙氏图如图 6-24 所示。读者可以明显地看出，图 6-24 是由图 6-20（即单纯的回报共享制度）改进得到的。

6.7.3　回报共享制度的变形——并联合作制度

　　一般的回报共享制度下，群体的效益是由各个个体效益简单相加而成的。但在一些合作性群体中，群体的效益大于各个个体效益的简单相加之和。本书将这种群体称为合作群体，相应地，其利益分配制度称为合作制度。

　　有一种合作制度称为"并联合作制度"（关于什么是并联合作，什么是串联合作，读者可以阅读本书第 9 章），其孙氏图如图 6-25 所示。

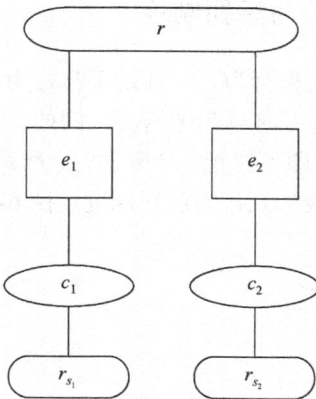

图 6-24　具有成本补贴的回报共享制度的孙氏图（双个体）

（图中 r_{s_1}、r_{s_2} 分别表示对 e_1、e_2 个体的成本补贴）

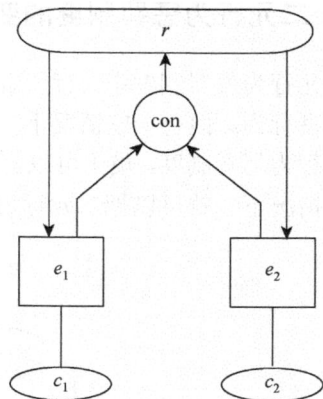

图 6-25　并联合作制度的孙氏图（双个体并联合作）

（变量含义及图解见 9.6.1 节）

　　读者很容易发现，图 6-25 是由图 6-20（即单纯的回报共享制度）变形后得到的，即在图 6-20 中增加了结果 "con"。

6.7.4　成本公摊制度的改进——具有税收的成本公摊制度

　　读者在本书第 9 章将会看到，与双独立制度相比，成本公摊制度下个体努力水平偏高，容易引起对资源的过度消耗从而降低生产效率。为了解决这个问题，可以对成本公摊制度进行改进，变成具有税收的成本公摊制度。

具有税收的成本公摊制度的孙氏图如图 6-26 所示。读者可以明显地看出，图 6-26 是由图 6-21（即单纯的成本公摊制度）改进得到的。

6.7.5　竞争制度的改进——带有警察的竞争制度

读者在本书第 10 章将会看到，一些领域中的常规竞争常常最后演变成恶性竞争，导致参与竞争的各方都遭受损失。为了解决这个问题，可以对竞争制度进行改进，变成带有警察的竞争制度。

带有警察的竞争制度的孙氏图如图 6-27 所示。读者可以看出，图 6-27 是由图 6-22（即单纯的竞争制度）改进得到的，即在图 6-22 中对两个个体的努力水平各加上一个观测器和抑制器，就成为图 6-27。

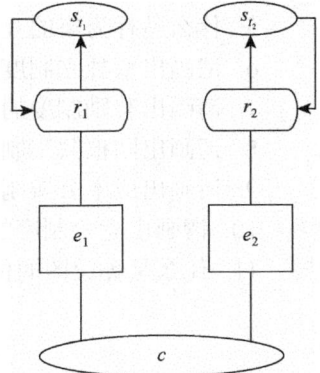

图 6-26　具有税收的成本公摊制度的孙氏图（双个体）

（ s_{t_1} 、 s_{t_2} 均表示税收）

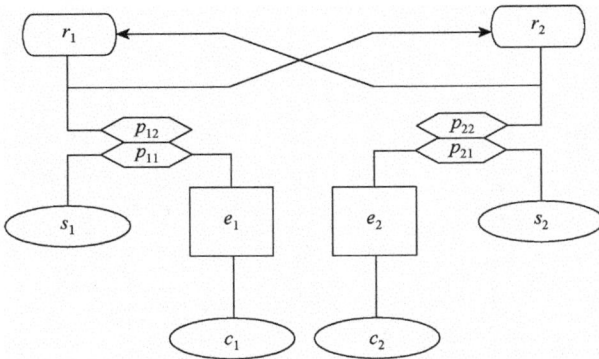

图 6-27　带有警察的竞争制度的孙氏图（双个体）

（变量含义及图解见 10.4.1 节）

习　　题

1. 什么是部件的端点规则？
2. 人类社会中的制度，按照制度的基本功能来分类，分为几大类？
3. 用孙氏图分析，共有几种基本制度结构？它们分别是什么？
4. 什么是行为集的完备性？

5. 什么是行为集的互斥性？
6. 请画出双独立制度的孙氏图。
7. 请画出奖励制度的孙氏图。
8. 请画出回报共享制度的孙氏图。
9. 请画出成本公摊制度的孙氏图。
10. 请画出竞争制度的孙氏图。
11. 什么是孙氏图的位置规则？

第 7 章 行为管理制度

根据观测的行为类型的不同，用来控制个体行为选择的管理制度主要分为两种——奖励制度和惩罚制度。

本章教学目标：

● 掌握二元行为惩罚制度和二元行为奖励制度的基本特征、制度参数、制度有效条件和适用环境；

● 了解三种二元行为惩罚制度特例（疑罪从无制度、治理腐败行为的惩罚制度、治理偷懒行为的惩罚制度）的基本特征与孙氏图、制度参数与制度有效条件；

● 遇到相似案例能从制度工程学的角度进行分析。

在本章，主要研究制度参数和影响制度参数的制度部件性能对制度效果的影响，而对制度结构不做大的变动与对比。实际上，本章分析的两种行为管理制度（二元行为惩罚制度与二元行为奖励制度）的孙氏图结构是相同的。

行为管理制度主要用来控制个体的行为选择，使其选择符合管理目标的行为。

根据观测的行为类型的不同，行为管理制度可分为惩罚制度与奖励制度两种主要类型。其中，惩罚制度观测不良行为是否发生，而奖励制度则观测提倡行为是否发生。

惩罚制度与奖励制度中所用的促进器或抑制器主要是回报型的。此外，也有一些行为管理制度使用机会型促进器或抑制器，或者使用资源型促进器或抑制器，但这类行为管理制度中如果没有回报型促进器或者回报型抑制器，就不能称为奖励制度或者惩罚制度。与之相比，还是惩罚制度和奖励制度在现实中更为普遍一些。

此外，本书的第 7～第 10 章，在计算个体行为效用时，都假设这些个体（行为者，也就是被管理者）的风险态度为风险中性。这样，在计算行为效用时，可以认为行为效用与行为回报减去行为成本的差值是成线性正相关的，即正比关系，从而可以直接用行为回报减去行为成本所得的差值（即收益）代表行为效用。这样，在进行制度效果的分析计算时就会简便很多。同时，在计算中使用的数据皆为虚拟数据，目的只是为了演示计算过程和制度设计原理，不涉及任何实际单位。

7.1　二元行为惩罚制度

7.1.1　二元行为惩罚制度的基本特征

惩罚制度是一种意在消除或者抑制人们不良行为的制度。例如,《中华人民共和国刑法》与执法机构、企业或事业单位中对各种不良行为的惩罚性规章与其执行机构等都组成了惩罚制度。惩罚制度在人类社会中具有相当的普遍性,具有广泛的应用范围。

二元行为惩罚制度的特点是,只有一个作为被管理对象的个体,其有两种离散行为,即有一个二元行为集。二元行为分别为:b_1 代表正常行为,b_2 代表不良行为。

在惩罚制度中,只要个体选择正常行为 b_1,必然会得到行为回报 r_1。可见,在这种制度下,正常行为 b_1 与行为回报 r_1 之间存在一种必然的联系。例如,对一个努力学习的考生来说,只要其选择了正常考试(即 b_1),则必然会得到一定的分数成绩(即 r_1)。正常行为 b_1 与行为回报 r_1 之间存在一种必然的联系,因此,在这种制度下对正常行为 b_1 不需要进行观测。

个体的行为集是二元的,因此,如果个体没有选择正常行为 b_1,其选择的行为必然是不良行为 b_2。但在这种制度下不观测正常行为 b_1,因此,无法判断其是否发生(不失一般性,正常行为 b_1 的行为回报 r_1 有时是不可观测的,有时即使能够观测,也不能确定行为回报 r_1 是唯一地由正常行为 b_1 引起的。例如,学生考试成绩合格,并不能由此断定学生的行为一定是"考试守纪",也可能真实行为是"作弊"。因此,作为一般的情况,不能根据行为回报 r_1 是否出现来判断正常行为 b_1 是否存在),也就无法用正常行为 b_1 是否发生来推断不良行为 b_2 是否发生。

这样,就必须对不良行为 b_2 进行观测。因此,对不良行为 b_2 设置了一个二元观测器 p_2,当不良行为 b_2 发生时(如学生在考试时发生作弊行为),二元观测器 p_2 能够以概率 p_{21} 观测到 b_2(如考生考试作弊被发现)。这时,个体将因为选择 b_2 而受到惩罚 s_2(如取消成绩)。同时,二元观测器 p_2 性能难以做到完全有效(例如,监考并不是 100%地发现所有的作弊行为的),因此,当不良行为 b_2 发生时,二元观测器 p_2 还以概率 $p_{22} = 1 - p_{21}$ 出现误判(如考试作弊没有被发现),即没有观测到 b_2。这时,没有观测到个体的不良行为 b_2,因此,仍然得到一定的行为回报 r_2(如因作弊但没有被发现从而仍然取得了一定的分数成绩)。

7.1.2　二元行为惩罚制度的孙氏图

二元行为惩罚制度的孙氏图如图 7-1 所示。

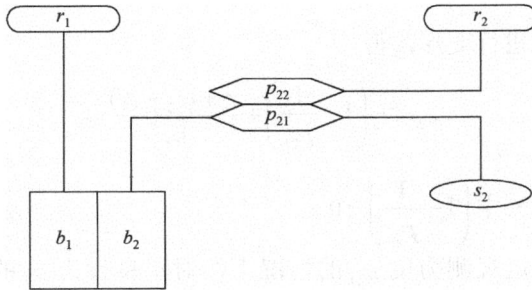

图 7-1　二元行为惩罚制度的孙氏图

二元行为惩罚制度的孙氏图的基本特点是，有一个二元行为集：一种是正常行为 b_1；另一种是不良行为 b_2。其中，正常行为 b_1 直接与促进器 r_1 相连接；不良行为 b_2 与二元观测器 p_2 相连接，二元观测器的"观测到"输出口连接抑制器 s_2，而"没有观测到"输出口连接促进器 r_2。

7.1.3　二元行为惩罚制度的制度参数及制度有效条件

1. 二元行为惩罚制度的制度参数

二元行为惩罚制度的制度参数见表 7-1。

表 7-1　二元行为惩罚制度的制度参数表

行为	行为内容	行为回报	行为概率	行为成本	行为效用
b_1	正常	r_1	1	c_1	$u_1 = r_1 - c_1$
b_2	不良	r_2 s_2	p_{22} p_{21}	c_2	$u_2 = p_{22}r_2 + p_{21}s_2 - c_2 = (1-p_{21})r_2 + p_{21}s_2 - c_2$

2. 二元行为惩罚制度的制度有效条件

二元行为惩罚制度有效的条件为 $u_1 > u_2$，即 $r_1 - c_1 > (1-p_{21})r_2 + p_{21}s_2 - c_2$。

整理，得

$$p_{21} > \frac{(r_2 - r_1) + (c_1 - c_2)}{r_2 - s_2} \qquad (7-1)$$

也就是说，如果观测力度 p_{21} 小于式（7-1）的要求，则制度无效，理性个体会选择不良行为 b_2。

对式（7-1）再进行变形，得

$$s_2 < r_2 \left(1 - \frac{1}{p_{21}}\right) + \frac{r_1 + (c_2 - c_1)}{p_{21}} \qquad (7-2)$$

请注意式（7-2）中 $\left(1 - \dfrac{1}{p_{21}}\right) < 0$。

这说明，在给定观测力度 p_{21} 的情况下，对不良行为 b_2 的惩罚 s_2 必须满足式（7-2）的要求，制度才是有效的。也就是说，这时理性个体才会倾向于选择正常行为 b_1（请注意：一般情况下 $s_2 < 0$，这时 s_2 越小，$|s_2|$ 越大。也就是 s_2 的数值越小，惩罚力度越大）。

7.2　二元行为惩罚制度的参数特例之一——疑罪从无制度

7.2.1　疑罪从无制度的简介与普遍性

在司法领域，人们也常常把疑罪从无制度称为无罪推定原则，该原则最早是 1789 年法国的《人权宣言》提出的。《人权宣言》第九条规定，任何人在被宣判为犯罪者之前，均应假定为无罪。目前，无罪推定原则已经成为各国刑事诉讼方面的普遍原则。1996 年的《中华人民共和国刑事诉讼法》第一百六十二条也明确规定，证据不足不能认定被告人有罪的，应做出证据不足，指控之罪不能成立的无罪判决。

实际上，疑罪从无制度不仅是一种法律制度，也是一种应用相当广泛的行为管理制度。例如，公务员系统的固定工资制、任期考核过程中的事故一票否决制等在本质上都是疑罪从无制度。

这种制度特别适用于正常行为 b_1 比较难于观测，但不良行为 b_2 比较容易观测的情况。例如，公务员的工作量难以观测，因此，无法按"工作量"来发工资，就只是考察是否具有明显的失职行为，如果没有（包括有失职行为但没有让管理者看到），则按正常情况对待，给予固定工资。这种工资制度，从反映制度行为结构的孙氏图角度来看，实际上与法律上的疑罪从无制度是一回事。

7.2.2　疑罪从无制度的基本特征与孙氏图

在疑罪从无制度中，b_1 为正常行为，b_2 为不良行为（如各种违法违章行为等）。

疑罪从无制度是二元行为惩罚制度的一个特例，其制度的参数特征为 $r_2 = r_1$。这里，可以解释为，如果没有观测到不良行为 b_2，即使个体实际上选择的是不良行为 b_2，也只能按个体选择正常行为 b_1 来看待，个体按规定取得正常行为 b_1 的行为回报 $r_2 = r_1$，即如果没有发现不良行为 b_2，则行为回报与正常行为 b_1 无异。当然，如果观测到了个体选择不良行为 b_2，则给予惩罚 s_2。

在疑罪从无制度的孙氏图中，个体如果选择了不良行为 b_2，则观测到不良行为 b_2 的行为概率为 p_{21}，而没有观测到不良行为 b_2（即假定个体选择正常行为 b_1）的行为概率 $p_{22} = 1 - p_{21}$（图 7-2）。

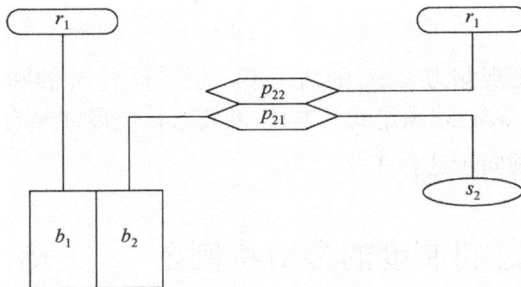

图 7-2　疑罪从无制度的孙氏图

7.2.3　疑罪从无制度的制度参数与制度有效条件

1. 疑罪从无制度的制度参数

疑罪从无制度的制度参数见表 7-2。

表 7-2　疑罪从无制度的制度参数表

行为	行为内容	行为回报	行为概率	行为成本	行为效用
b_1	正常	r_1	1	c_1	$u_1 = r_1 - c_1$
b_2	不良	r_1 / s_2	p_{22} / p_{21}	c_2	$u_2 = p_{22}r_1 + p_{21}s_2 - c_2 = (1-p_{21})r_1 + p_{21}s_2 - c_2$

2. 疑罪从无制度的制度有效条件

如果疑罪从无制度有效，即理性个体选择正常行为 b_1 而不选择不良行为 b_2，则必有 $u_1 > u_2$，即 $r_1 - c_1 > (1 - p_{21})r_1 + p_{21}s_2 - c_2$。

（1）最小观测力度 p_{21}

整理上式，得

$$p_{21} > \frac{c_1 - c_2}{r_1 - s_2} \tag{7-3}$$

这就是说，如果要使这种制度有效，即如果要使理性个体在这种制度下会倾向于选择正常行为 b_1，观测力度 p_{21} 必须满足式（7-3）的要求。

（2）对正常行为 b_1 的收入 r_1 与对不良行为 b_2 的惩罚 s_2 之差 $r_1 - s_2$ 的要求

改变式（7-3），得

$$r_1 - s_2 > \frac{c_1 - c_2}{p_{21}} \tag{7-4}$$

这说明，在给定观测力度 p_{21} 的情况下，正常行为 b_1 的回报 r_1 与对不良行为 b_2 的惩罚 s_2 之差 $r_1 - s_2$ 必须满足式（7-4）的要求，制度才是有效的。也就是说，这时理性个体才会倾向于选择正常行为。

7.3　二元行为惩罚制度的参数特例之二——治理腐败行为的惩罚制度

7.3.1　腐败行为的概念

腐败行为指通过滥用职权捞取不当利益的行为。世界各国都大量存在腐败行为，腐败行为不仅导致国家的经济损失，而且还导致社会不公，影响社会稳定，对国家的长治久安形成重大的威胁。由于腐败行为具有重大危害，许多国家都建立了治理腐败行为的惩罚制度，如强制实行信息披露、行政听证、财产申报和充分发挥新闻媒体的"警犬"作用等。

7.3.2　治理腐败行为的惩罚制度的基本特征与孙氏图

在治理腐败行为的惩罚制度中，个体的行为集也是二元的，其中，b_1 为正常行为，b_2 为腐败行为（如贪污受贿等）。制度设计的任务，就是针对这种行为集设法使个体选择正常行为 b_1，避开腐败行为 b_2。

治理腐败行为 b_2 的惩罚制度是二元行为惩罚制度的一个特例（图 7-3）。当腐败行为 b_2 在行政效用上优于正常行为时，其制度参数特征为 $r_2 + c_2 > r_1 + c_1$。这里，可以把 r_2 看作是由"正常收入 + 受贿收入"构成的。由于 r_1 为正常收入，不难看出，腐败行为 b_2 的收入 r_2 注定要大于正常行为 b_1 的收入 r_1，而两者的行为成本即 c_2 与 c_1 一般相差不大，在制度中对腐败行为 b_2 没有抑制器（即没有观测器 p_2 和惩罚 s_2）的情况下，$r_2 + c_2 > r_1 + c_1$ 总是成立的。这时理性个体注定会选择腐败行为 b_2。

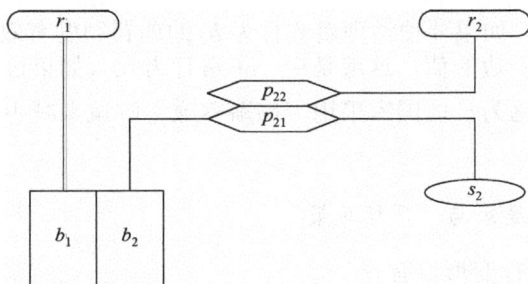

图 7-3　治理腐败行为的惩罚制度的孙氏图

7.3.3　治理腐败行为的惩罚制度的制度参数与制度有效条件

1. 治理腐败行为的惩罚制度的制度参数

治理腐败行为的惩罚制度的制度参数见表 7-3。

表 7-3　治理腐败行为的惩罚制度的制度参数表

行为	行为内容	行为回报	行为概率	行为成本	行为效用
b_1	正常	r_1	1	c_1	$u_1 = r_1 - c_1$
b_2	不良	r_2	p_{22}	c_2	$u_2 = p_{22}r_2 + p_{21}s_2 - c_2 = (1-p_{21})r_2 + p_{21}s_2 - c_2$
		s_2	p_{21}		

2. 治理腐败行为的惩罚制度的制度有效条件

当 $u_1 > u_2$ 时，即

$$r_1 - c_1 > (1 - p_{21})r_2 + p_{21}s_2 - c_2 \tag{7-5}$$

理性个体会选择正常行为 b_1 而不是选择腐败行为 b_2。因此,式(7-5)就是治理腐败行为 b_2 的惩罚制度的制度有效条件。

7.3.4　实践中的各种治理腐败行为的政策措施的制度参数原理

1. 最低正常收入 r_1 与"高薪养廉"

对式(7-5)进行变形,有

$$r_1 > (1 - p_{21})r_2 + p_{21}s_2 + (c_1 - c_2) \tag{7-6}$$

式(7-6)表明,如果要使治理腐败行为 b_2 的惩罚制度有效,必须使正常行为 b_1 的收入 r_1 大于其右边的值。这就是说,正常行为收入如果过低,就会容易引起腐败行为的发生。这为一些国家采用"高薪养廉"政策来减少腐败行为提供了理论支持。

2. 最小惩罚力度 s_2 与"严惩政策"

对式(7-5)进行变形,有

$$s_2 < r_2 - \frac{(r_2 - r_1) + (c_1 - c_2)}{p_{21}} \tag{7-7}$$

如果考虑惩罚力度 s_2,则必须使其满足式(7-7),治理腐败行为的惩罚制度才是有效的。这里请读者注意,惩罚力度 s_2 的数值越大(这是指代数意义上的,即数值在数轴上越向右越大),实际上是惩罚越轻;数据越小(在数轴上越在左边,即数值越小),惩罚越重。例如,罚款与降职一类的惩罚值为负值。

式(7-7)表明,如果要使治理腐败行为的惩罚制度有效,必须使惩罚力度大到使 s_2 的值小于其右边的值(一般情况下 $s_2 < 0$,这时 $|s_2|$ 越大,s_2 越小。s_2 的数值越小意味着惩罚力度越大)。这就是说,如果惩罚力度太小,就会容易引起腐败行为的发生。这为一些国家采用"严惩政策"政策来减少腐败行为提供了理论支持。

3. 最小观测力度 p_{21} 与"信息公开"

整理式(7-5)得

$$p_{21} > \frac{(r_2 - r_1) + (c_1 - c_2)}{r_2 - s_2} \tag{7-8}$$

这就是说,观测力度必须满足式(7-8),治理腐败行为的惩罚制度才是有效的。这说明，许多国家采用"信息公开"政策（如搞"阳光工资""阳光招生""阳光录用"等）来治理腐败行为，是有一定道理的。

由式（7-8）还可以看出观测力度 p_{21} 与该制度中其他参数之间的制约关系：

腐败行为收入 r_2 大于正常行为收入 r_1 越多，即 (r_2-r_1) 越大，则观测力度 p_{21} 也必须越大，才能维持该制度的有效性。

在腐败行为收入 r_2 不变时（一般情况下 $r_2>0$），惩罚力度 s_2 越大（$s_2<0$，这里所说的 s_2 越大指 $|s_2|$ 越大），即 (r_2-s_2) 越大，则观测力度 p_{21} 可能小一些，就能维持该制度的有效性。

4. 腐败行为收入 r_2 与观测力度 p_{21} 之间的制约关系

现在来分析当满足制度有效条件时，腐败行为收入（指腐败行为没有被查出时获得的非法收入）r_2 与观测力度 p_{21} 之间的制约关系。

对式（7-8）求偏导，得

$$\frac{\partial p_{21}}{\partial r_2} > \frac{(r_2-s_2)-(r_2-r_1)-(c_1-c_2)}{(r_2-s_2)^2} = \frac{(r_1-s_2)-(c_1-c_2)}{(r_2-s_2)^2} \qquad (7\text{-}9)$$

由式（7-9）可以看出，在正常行为收入 r_1 充分大及惩罚力度充分大的情况下，即 (r_1-s_2) 充分大的情况下，必有 $(r_1-s_2)-(c_1-c_2)>0$，从而有 $\frac{\partial p_{21}}{\partial r_2}>0$，也就是说，在维持该制度有效性的前提下，如果腐败行为收入 r_2 变大，则观测力度 p_{21} 也必须随着变大，原来有效的治理腐败行为的惩罚制度才能继续保持其有效性。

7.3.5　案例之一——清朝内务府腐败的制度根源[①]

清朝有北京民谣"房新树小画不古，此人必是内务府"。意思是在朝廷内务府当差，最容易成为暴发户：新盖的房子、新栽的树（因为暴发得很快）、房间里有现代画作（新暴发户的特点）。据说，内务府的官员"视中饱舞弊，如奉明言"，腐败之极，就差公开往家里运官银了。

1. 内务府简介

内务府是专门负责皇帝私人事务的衙门，形成于顺治康熙交替年间。其成员都来自皇室家奴（满族称包衣）。此外，太监和宫女也由内务府管理。因此，在遇到事情的时候，太监也会选择站在内务府一边。

---

① 此案例摘自：张程. 2010. 揭秘清朝内务府：中国古代油水最肥的部门. http://book.ifeng.com/shuzhai/detail_2010_05/15/1520542_2.shtml. [2010-05-15]，本书有修改。

内务府如此权重，清朝皇帝为了防止出现问题，制定了严格的管理制度。

例如，内务府中的广储司，是皇帝的小金库，金、银、珠、玉、珊瑚和玛瑙等都储存在银库里。皇帝安排 25 个人日夜守卫，并且看守银库的人没有钥匙，钥匙由乾清宫侍卫保管，并且多把钥匙同时开门才能进入。开库时，需由多名官员在场，进出库房都得经过严格搜身；库房关闭时，要由多名官员共同签字画押，在锁上贴上封条。

每月，内务府都要对收支情况统计汇总，皇帝随时抽查，年底听取内务府汇报。

内务府管理之严可见一斑。按理，内务府官员即使私占一文钱都难。

可奇怪的是，管理制度越来越严格，内务府的贪污腐败却越来越严重。内务府弊端，犹如决堤之水，汹涌蔓延。这是怎么回事呢？

原来，尽管内务府监管制度的制度规则可谓严密，但制度执行者严重不力、制度部件性能不佳，导致制度失效。

2. 若干事例

（1）补丁的故事

道光皇帝性格吝啬，一天，发现绸裤的膝盖上破了一个小洞，就命令内务府找人缝补。补完后，道光皇帝问花了多少钱，内务府报告说："共花三千两白银。"道光皇帝大吃一惊："怎么打这一个补丁居然比一件龙袍的价格还贵？"内务府解释道："这是皇上的裤子，布料不一般，是有花的湖绸，我们剪了几百匹绸子，才找到相配的图案，因此贵了些。如果是一般的补丁，大约五两银子就行。"

（2）绣洞房门帘

光绪皇帝大婚，有几位绣工揽到绣洞房门帘的小活。绣工们从内务府领来缎子，精心刺绣。这活儿的市价大约五十两银子。

门帘交工时，内务府示意，请绣工们"多报一些无妨"。绣工们咬咬牙，五百两！上面说太少，再报多点。结果报价一千两。报价到内务府大臣过目，大臣驳回，说再往高里报。工头大着胆子，报了五千两，其他绣工埋怨其报得太离谱，肯定会被驳回。没想到，内务府大臣看到报账，仍然摇头，亲笔在五千两前面加了"两万"。结果，内务府用两万五千两白银替皇帝买了这个门帘。然后，内务府大臣扣下两万两，给绣工们五千两，几个绣工乐得觉都睡不着了：这一辈子从来没见过这么多钱。

（3）四万两银子的竹棚

内务府的人所盼望的，不是升官而是皇帝批准新工程，因为这是内务府官员上下其手、中饱私囊的大好机会。晚清时期，皇帝要在紫禁城内搭一个竹棚，就这么小工程，造价竟然是四万两白银！

3. 制度原因

（1）制度原因之一——观测器失效

造成内务府贪污腐败盛行的原因之一，是制度观测器几乎失效，导致对不良行为的观测力度 p_{21} 严重不足。

朝臣们看到道光皇帝穿了件打补丁衣服，为了显示自己学习皇上节俭，许多人把官服扎破，再打上补丁。一次，道光皇帝突然看到军机大臣曹文正的朝服上有块补丁十分醒目，突然问他："打个补丁外面需要多少银子啊？"曹文正刚想如实回答"一钱银子可以打十个补丁"，却突然发现自己周围的太监们都表情紧张地瞪着他，瞪得曹文正直冒冷汗。曹文正心想肯定是太监们对皇帝报了高价，为了不得罪人，就说："外面打一个补丁要三钱银子呢。"要知道，当时三钱银子都能买一整套普通衣服了。曹文正心想这下大概和道光皇帝的"补丁价格"差不多了。哪知道，道光皇帝叹了口气，说："外面就是便宜，朕打个补丁要花五两银子呢。"曹文正惊得差点没背过气去。

光绪皇帝很喜欢吃鸡蛋，当时一个鸡蛋大概三四个铜板，但内务府的采购价格是三十两银子一个。

一次，光绪皇帝突然问老师翁同龢："这鸡蛋虽然好吃可太贵，翁师傅你能吃得起吗？"翁同龢圆滑地说："臣只有遇到祭祀大典才吃一两个，平时不敢买。"因此，光绪皇帝终生都以为鸡蛋很贵。因为他每年吃鸡蛋就要花掉上万两白银。

（2）制度原因之二——腐败行为的促进器过强

造成内务府贪污腐败盛行的原因之二，是腐败行为的促进器过强，也就是腐败行为的收益即 r_2 太高。

补衣服上的一个补丁要三千两白银，绣一个洞房门帘要两万五千两白银，搭一个竹棚居然要四万两银子。这些巨额费用中的绝大部分都落入了内务府官员的腰包。如此高额收益，不能不说是诱使这些官员大肆贪污的重要原因。

（3）制度原因之三——腐败行为的抑制器失灵

造成内务府贪污腐败盛行的原因之三，是制度中对不良行为的抑制器失灵，导致对不良行为的惩罚力度 s_2 严重不足。

光绪皇帝查办不了内务府的中层干部（庆宽）的故事，就暴露了这个问题。

慈禧太后过生日，光绪皇帝想打一副手镯给慈禧太后作生日礼物。就请内务府的庆宽做了四个样品，慈禧太后看后都很喜欢。光绪皇帝问需要多少钱，庆宽说："只需要四万两银子。"光绪皇帝惊得目瞪口呆："真是要抄家了！"原来，光绪皇帝辛辛苦苦攒的全部私房钱，也只有四万两银子。

此事引起光绪皇帝对庆宽的怀疑。调查发现，庆宽的确是个巨贪，大报花账，尤其在慈禧太后 60 大寿期间主持庆典时，一人包揽了一切器物的采办，大发其财。

光绪皇帝给庆宽办了一个"违制"的罪名，命令将其"革职抄家"。

一段日子之后，"江西盐法道"职位出缺，被革职的庆宽竟然获得大家的"一致推选"，结果庆宽摇身一变，既升了官（正四品），又掌握了实权（盐法道台）。这背后的奥秘，搞得光绪皇帝也云里雾里。

（4）制度原因之四——行为集失控（制度的再设计无法实现）

行为集失控，是内务府腐败问题长期得不到治理的原因之四。在制度设计中，通过对行为资源或者行为机会的控制，一般能够影响个体的行为集中元素即行为 b_i 的数量与类型，从而实现对个体行为进行管理的目的。但在针对内务府管理制度进行改进设计中，作为管理者的皇帝，却无法设计个体行为集中的行为元素 b_i，导致治理腐败行为的惩罚制度的再设计不能实现。

道光皇帝对花钱如流水的内务府最不满。因此，也曾想办法整治内务府的腐败问题。

道光皇帝非常喜欢吃"粉汤"，就命令内务府做粉汤。等了多日，也没见到粉汤。道光皇帝来内务府查问。没想到被告知：目前尚处于筹措资金阶段。道光皇帝闻听大怒："一碗粉汤才多少钱啊？"

内务府回答："为了做粉汤，御膳房需要成立专门的'粉汤部'，因此，需要增加人员编制；再加上还要采购原料，皇上您如果想吃粉汤，每年至少也得给御膳房增加六万两银子的财政预算。"

道光皇帝听后冷笑："不必了，朕登基前，在前门大街吃过粉汤，一碗只要两个铜板，你们让人每天去前门大街买一碗粉汤就行了。"

又过了些日子，道光帝还是没见粉汤，再次召来相关官员训斥。官员回答道："臣已经去过前门大街了，但没找到卖粉汤的摊贩。想跑远点去买吧，又怕路太远粉汤端回来已经凉了，正在烦恼呢。"

而真实情况是如何呢？是内务府暗中派人把前门大街卖粉汤的摊贩都赶跑了。

道光皇帝只好叹了口气："罢罢罢，朕不吃粉汤了。"

这个小故事说明，作为管理者的皇帝，已经完全控制不了内务府的行为集：道光皇帝让内务府的人去买现成的，而且皇帝还知道现成粉汤的价格，这样内务府就没有贪污机会了。因此，内务府不同意这个方案是自然的。问题的严重性在于，内务府居然能够让皇帝的这个方案无法实现。

（5）制度失效的根本原因——制度执行者不力

上述许多制度部件性能不良的表现，即观测器失效、行为集失控和抑制器失灵等，其根本原因是管理者可用的管理资源严重不足，即制度执行者不力。读者可以思考，皇帝与内务府的力量对比多么悬殊：内务府是利益博弈的一方，人数众多；皇帝是博弈的一方，只有一个人。数以千计的内务府人员对付皇帝一个人，使用各种办法来蒙蔽皇帝十分容易。这个例子所表现的，其实就是因制度执行者不力导致的制度部件性能不良的后果。

7.3.6　案例之二——观测器的改进

1. 某些煤检站中存在的腐败行为

煤炭产区在出口处一般都设有煤检站（全称为煤焦公路运销票据检查站），其职能是对出产区的运煤车辆实行复磅计量、补征费用，对运煤车所携带的票据进行核对。

调查发现，一些煤检站长期存在严重的腐败行为：一是对出产区的满载煤炭的车辆进行人工过磅时，一些工作人员收受买煤者贿赂，对车辆的煤炭少记重量，结果是过磅人员与买煤者双双得利，而国家则损失巨大，这种不良行为被称为"收黑钱过黑磅"。时间一长，许多工作人员觉得这种方式"油水还是不多"，干脆让交过黑钱的满载煤炭车辆从煤检站边上绕行，这样一来等于整整一车煤炭国家没有收到任何费用，这种情况下"黑钱"的数额会大得多。这种行为被称为"收黑钱放黑车"。

为了掩人耳目，煤检站工作人员并不直接操作"收黑钱放黑车"，而是由煤检站养一些被人们称为"刀手"的人，负责在绕行煤检站的道路上拦截运煤车辆，收钱放行后与煤检站人员分成。同时，煤检站的工作人员暗中迫使运煤车辆"走黑路"（即让这些车辆绕过煤检站，走交黑钱后被放行的路）。例如，煤检站的人员会故意放慢检验速度，结果检验一辆车要近 30 分钟，这样就导致很多车排队等待检验，常常是排队一天之久。这时，"刀手"会"好心"地提醒司机，走边上的路绕行，价格不但便宜，而且交钱后立马可以通过。结果，大量的运煤车辆都走向了"黑路"。

根据观察，每小时约有 10 辆运煤车走"黑路"，按照煤检站收费标准（每辆车 1800 元）计算，每天收取的黑钱至少 30 万元。如此，一个煤检站通过"收黑钱放黑车"，导致国家一年就损失上亿元。

2. 治理煤检站腐败行为的惩罚制度

（1）治理煤检站腐败行为的惩罚制度的孙氏图
根据上述分析，治理煤检站腐败行为的惩罚制度的孙氏图如图 7-4 所示。
（2）治理煤检站腐败行为的惩罚制度的制度参数
治理煤检站腐败行为的惩罚制度的当前制度参数见表 7-4。

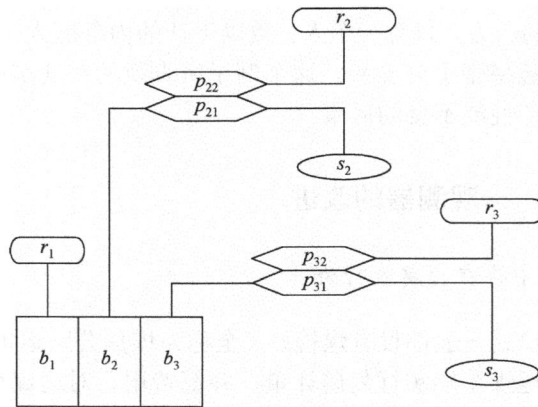

图 7-4　治理煤检站腐败行为的惩罚制度的孙氏图（三元行为）

表 7-4　治理煤检站腐败行为的惩罚制度的当前制度参数表

部件名称	部件类型	元素	数值或特性	说明
行为集	三元行为集	b_1	正常的煤检行为	
		b_2	收黑钱过黑磅	
		b_3	收黑钱放黑车	
b_1 的促进器	回报	r_1	20 万元/年×5 年＝100 万元	按煤检站 4 名员工计算，即每位员工正常工资为 5 万元/年，按连续工作 5 年计算
b_2 的观测器	举报型观测器	p_{21}	0.1	无奖励举报
		p_{22}	0.9	
b_2 的抑制器	回报型抑制器	s_2	−20 万元/年×5 年＝−100 万元	辞退，按煤检站 4 名员工计算，即每位员工正常工资为 5 万元/年，按本来可连续工作 5 年计算
b_2 的促进器	回报型促进器	r_2	20 万元/年×5＋200 万元×5＝1100 万元	正常工资＋收黑钱过黑磅受贿，按连续工作 5 年计算
b_3 的观测器	举报型观测器	p_{31}	0.1	无奖励举报
		p_{32}	0.9	
b_3 的抑制器	回报型抑制器	s_3	−20 万元/年×5 年＋（−120 万元/年×5 年）＝−700 万元	辞退＋判刑，按煤检站 4 名员工计算，即每位员工被辞退的损失为−5 万元/年，4 年为−20 万元，按本来可连续工作 5 年计算，工资损失共−100 万元。1 人服刑 1 年的交换效用为−30 万元，4 人则为−120 万元/年，按 5 年有期徒刑计算，为−700 万元

续表

部件名称	部件类型	元素	数值或特性	说明
b_3 的促进器	回报型促进器	r_3	20 万元/年×5 年 + 10 000 万元/年×5 年 = 50 100 万元	正常工资 + 收黑钱放黑车受贿，按能够连续维持 5 年计算
b_1 的行为效用		u_1	$u_1 = 100$	假设个体风险态度为风险中性
b_2 的行为效用		u_2	$u_2 = 0.1 \times (-100) + 0.9 \times 1\,100 = 980$	假设个体风险态度为风险中性
b_3 的行为效用		u_3	$u_3 = 0.1 \times (-700) + 0.9 \times 50\,100 = 45\,020$	假设个体风险态度为风险中性

由表 7-4 可以清楚地看出，从煤检站员工的行为集中各行为效用角度考虑，"收黑钱放黑车"行为效用最大，"收黑钱过黑磅"行为效用次之，"正常煤检"行为效用最小。

因此，该制度无效。

3. 治理煤检站腐败行为的惩罚制度的改进

首先，采用电子过磅设备，自动显示车辆的煤炭重量并自动计费，收费清单电脑打印。这样，过磅车辆不再由过磅人员口头报重量，其随意变更煤炭重量的行为失去了机会，"收黑钱过黑磅"行为由于没有行为机会而不复存在。

其次，针对"收黑钱放黑车"行为，采用摄像头监视设备，从而改善观测器的性能，大大地提高对这种不良行为的观测力度。这样，经过改进后，新的治理煤检站腐败行为的惩罚制度就变成了二元行为管理制度，其孙氏图如图 7-5 所示。

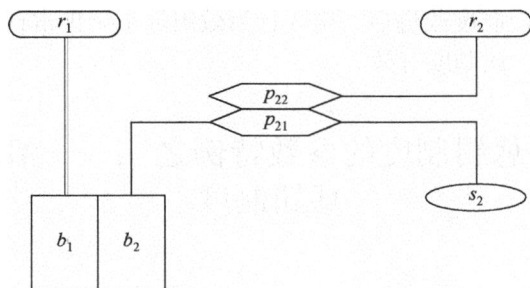

图 7-5　改进的治理煤检站腐败行为的惩罚制度的孙氏图（二元行为）

4. 改进的治理煤检站腐败行为的惩罚制度的制度参数

改进的治理煤检站腐败行为的惩罚制度的制度参数见表 7-5。

表 7-5　改进的治理煤检站腐败行为的惩罚制度的制度参数表

部件名称	部件类型	元素	数值或特性	说明
行为集	二元行为集	b_1	正常的煤检行为	
		b_2	收黑钱放黑车	
b_1 的促进器	回报	r_1	20 万元/年×5 年 = 100 万元	按煤检站 4 名员工计算,即每位员工正常工资为 5 万元/年,按连续工作 5 年计算
b_2 的观测器	设备型观测器	p_{21}	0.99	监视器观测并记录,不良行为发现率达 99%
		p_{22}	0.01	
b_2 的抑制器	回报型抑制器	s_2	−20 万元/年×5 年 + (−120 万元/年×5 年) = −700 万元	辞退 + 判刑,按煤检站 4 名员工计算,每位员工被辞退的损失为−5 万元/年,4 年为−20 万元,按本来可连续工作 5 年计算,工资损失共−100 万元。1 人服刑 1 年的交换效用为−30 万元,4 人则为−120 万元/年,按 5 年有期徒刑计算,为−700 万元
b_2 的促进器	回报型促进器	r_2	20 万元/年×5 年 + 10 000 万元/年×5 年 = 50 100 万元	正常工资 + 收黑钱放黑车受贿,按能够连续维持 5 年计算
b_1 的效用		u_1	$u_1 = 100$	假设个体风险态度为风险中性
b_2 的效用		u_2	$u_2 = 0.99×(−700) + 0.01×50 100$ $= −192$	假设个体风险态度为风险中性

由表 7-5 可见,制度改进后,腐败行为效用远小于正常行为效用,理性个体不会选择腐败行为,该制度有效。

7.4　二元行为惩罚制度的参数特例之三——治理偷懒行为的惩罚制度

7.4.1　偷懒行为

偷懒行为指集体中成员的努力水平比别人低(这意味着其行为成本比较低)但却试图获得与其他成员一样的回报。在现代社会中,劳动等社会行为大多以集体方式进行,因此,偷懒行为具有相当的普遍性。例如,集体劳动中的"出工不出力"却与其他人获得一样的报酬的行为等。

7.4.2　治理偷懒行为的惩罚制度的基本特征与孙氏图

在这种制度中，个体的行为集中存在偷懒行为。因此，制度设计的任务就是针对这种行为集设法有效地治理偷懒行为。

二元行为分别为：b_1 代表正常行为，b_2 代表偷懒行为。

治理偷懒行为的惩罚制度是二元行为惩罚制度的一个特例，当偷懒行为 b_2 存在时，其制度的参数特征为 $(c_1 > c_2) \wedge (r_2 = r_1)$，其中，参数 $c_1 > c_2$ 表示偷懒行为 b_2 的成本付出 c_2 比正常行为 b_1 的成本付出 c_1 要少，参数 $r_2 = r_1$ 表示偷懒行为 b_2 如果没有被发现，就能够得到与正常行为 b_1 一样的回报 r_1，"$\wedge$"表示该符号左右的两个条件必须同时存在。

偷懒行为的例子很多。例如，员工的努力水平低于正常水平时却力图取得正常工资 $r_2 = r_1$；学生学习不努力却企图取得成绩 $r_2 = r_1$（这时 r_1 为正常的"考试通过"这样的成绩），等等。r_2 为偷懒后的没有被发现时的回报。

这个特点说明，如果没有对偷懒行为 b_2 的抑制器，即没有观测器 P_2 和惩罚 s_2，理性个体注定会选择偷懒行为 b_2（图 7-6）。

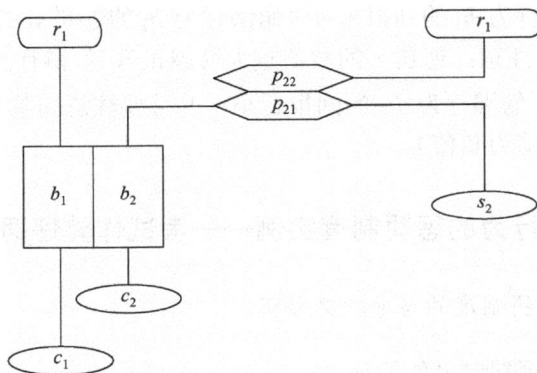

图 7-6　治理偷懒行为的惩罚制度的孙氏图

7.4.3　治理偷懒行为的惩罚制度的制度参数与制度有效条件

1. 治理偷懒行为的惩罚制度的制度参数

治理偷懒行为的惩罚制度的制度参数见表 7-6。

表7-6 治理偷懒行为的惩罚制度的制度参数表

行为	行为内容	行为回报	行为概率	行为成本	行为效用
b_1	正常	r_1	1	c_1	$u_1 = r_1 - c_1$
b_2	不良	r_1	p_{22}	c_2	$u_2 = p_{22}r_1 + p_{21}s_2 - c_2 = (1 - p_{21})r_1 + p_{21}s_2 - c_2$
		s_2	p_{21}		

2. 治理偷懒行为的惩罚制度的制度有效条件

制度有效条件为正常行为效用大于偷懒行为效用，即 $u_1 > u_2$，因此有

$$r_1 - c_1 > (1 - p_{21})r_1 + p_{21}s_2 - c_2$$

（1）对观测力度 p_{21} 的要求

整理上式，得

$$p_{21} > \frac{c_1 - c_2}{r_1 - s_2} \tag{7-10}$$

这就是说，如果考虑制度的观测器性能，其观测力度必须满足式（7-10）。

（2）对正常行为 b_1 的回报 r_1 与对不良行为 b_2 的惩罚 s_2 之差 $r_1 - s_2$ 的要求

$$r_1 - s_2 > \frac{c_1 - c_2}{p_{21}} \tag{7-11}$$

如果考虑正常行为 b_1 的回报 r_1 与对偷懒行为 b_2 的惩罚 s_2 的差值 $r_1 - s_2$，则必须满足式（7-11）（注意：惩罚 s_2 的数值越大（越正），偷懒行为 b_2 的回报越大；其值越小（越负），偷懒行为 b_2 的回报越小，并且要注意罚款与禁止参加考试一类的惩罚，其回报值为负值）。

7.4.4 治理偷懒行为的惩罚制度实例——考试作弊惩罚制度

1. 考试作弊惩罚制度的当前状况分析

（1）考试作弊惩罚制度的简介

某地区选拔性考试作弊惩罚制度规则如下。

考试违纪行为及处理规定为：抄袭解题思路和答案的，该门课程成绩记为无效。

考试作弊行为及处理规定为：由他人代考、使用通信设备作弊，成绩无效，并且禁考三年。

制度执行者为：对考试违纪行为和作弊行为的观测采用人工监考，处理执行则由当地教育主管部门负责。

（2）考试作弊惩罚制度的孙氏图

考试作弊惩罚制度的孙氏图如图 7-7 所示。

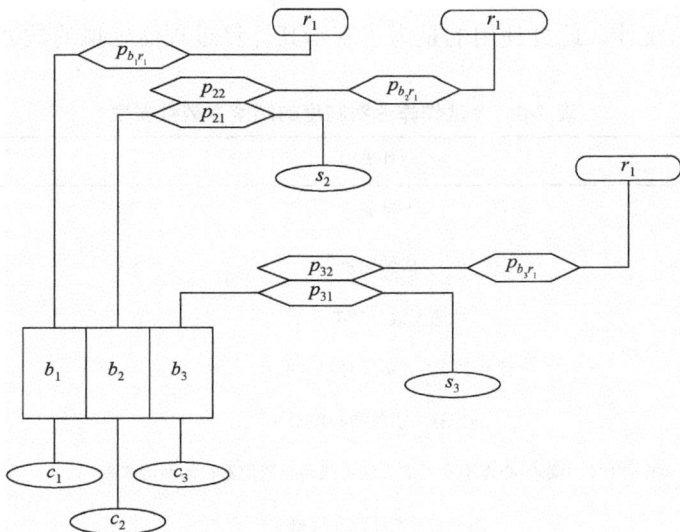

图 7-7　考试作弊惩罚制度的孙氏图（三元行为）

（3）考试作弊惩罚制度的制度参数

考试作弊惩罚制度的制度参数见表 7-7。

表 7-7　考试作弊惩罚制度的制度参数表

行为	行为内容	行为回报（细分为两层）	第一层结果与行为概率	第二层结果与行为概率	行为成本	行为效用（设个体风险态度为风险中性）
b_1	正常	r_1		考试通过，$p_{b_1 r_1}$	c_1	$u_1 = p_{b_1 r_1} r_1 - c_1$
b_2	违纪	r_1	违纪没有被查到，p_{22}	考试通过，$p_{b_2 r_1}$	c_2	$u_2 = p_{22} p_{b_2 r_1} r_1 + p_{21} s_2 - c_2$
		s_2	违纪被查到，对违纪惩罚，p_{21}			$= (1 - p_{21}) p_{b_2 r_1} r_1 + p_{21} s_2 - c_2$
b_3	作弊	r_1	作弊没有被查到，p_{32}	收到作弊信号的概率乘以考试通过的概率，$p_{b_3 r_1}$	c_3	$u_3 = p_{32} p_{b_3 r_1} r_1 + p_{31} s_3 - c_3$
		s_3	作弊被查到，对作弊惩罚，p_{31}			$= (1 - p_{31}) p_{b_3 r_1} r_1 + p_{31} s_3 - c_3$

（4）考试作弊惩罚制度的制度参数数据

上述考试管理制度中的参数数据中，r_1、s_2、s_3、c_1、c_2、c_3 数据来可源于考生对相关指标给出的评价的统计处理，而 $p_{b_1r_1}$、p_{21}、p_{31}、$p_{b_2r_1}$、$p_{b_3r_1}$ 可来源于对现实数据的统计。此处使用的是为了演示其计算过程而虚拟的数据（表7-8）。

表7-8　考试作弊惩罚制度的制度参数数据表

元素	部件类型	数值
r_1	考试通过	25
s_2	成绩无效	−10
s_3	成绩无效，禁考三年	−25
c_1	努力学习的成本（时间与精力）	4
c_2	违纪行为引起的心理不安	1
c_3	作弊行为引起的心理不安与请人代考或购买通信器材的经济成本	2
p_{21}	人工监考的违纪发现概率	0.3
p_{31}	人工监考的作弊发现概率	0.3
$p_{b_1r_1}$	正常考试时的通过概率	0.25
$p_{b_2r_1}$	违纪行为没有被查到时，考试通过率	0.3
$p_{b_3r_1}$	作弊行为没有被查到时，考试通过率	0.95

（5）计算个体的行为优先顺序

各行为效用计算（设个体的风险态度为风险中性）：

$$u_1 = p_{b_1r_1}r_1 - c_1 = 0.25 \times 25 - 4 = 2.25$$

$$u_2 = (1 - p_{21})p_{b_2r_1}r_1 + p_{21}s_2 - c_2 = (1 - 0.3) \times 0.3 \times 25 + 0.3 \times (-10) - 1 = 1.25$$

$$u_3 = (1 - p_{31})p_{b_3r_1}r_1 + p_{31}s_3 - c_3 = (1 - 0.3) \times 0.95 \times 25 + 0.3 \times (-25) - 2 = 7.125$$

各行为效用的减序排列为 $u_3 > u_1 > u_2$

由此可见，在当前制度下，理性个体的行为选择优先顺序为 $b_3 \succ b_1 \succ b_2$

也就是说，该制度无效，在该制度下，作为完全理性的考生（注意：实际上不是所有考生都是理性的），首先选择的行为是作弊。需要注意的是，这只是采用制度的数学模型分析得到的理论结果，本书第8章中采用行为概率模型会得到更贴近实际情况的结果。

2. 制度改进之一——采取技术措施

（1）制度有效的边界条件

首先分析使该制度有效的边界条件。根据表 7-7，各行为效用计算公式为

$$u_1 = p_{b_1 r_1} r_1 - c_1$$

$$u_2 = (1 - p_{21}) p_{b_2 r_1} r_1 + p_{21} s_2 - c_2$$

$$u_3 = (1 - p_{31}) p_{b_3 r_1} r_1 + p_{31} s_3 - c_3$$

这样，如果让理性的考生优先选择正常考试行为 b_1，必须同时满足如下条件：

首先，$u_1 > u_2$：

即 $p_{b_1 r_1} r_1 - c_1 > (1 - p_{21}) p_{b_2 r_1} r_1 + p_{21} s_2 - c_2$

得

$$p_{21} > \frac{(p_{b_2 r_1} - p_{b_1 r_1}) r_1 + (c_1 - c_2)}{(p_{b_2 r_1} r_1 - s_2)}$$

根据表 7-8，找出制度有效情况下对概率 p_{21} 的最小边界数值要求：

$$p_{21} > \frac{(p_{b_2 r_1} - p_{b_1 r_1}) r_1 + (c_1 - c_2)}{(p_{b_2 r_1} r_1 - s_2)} = \frac{(0.3 - 0.25) \times 25 + (4 - 1)}{[0.3 \times 25 - (-10)]} = 0.24$$

其次，$u_1 > u_3$：

即 $p_{b_1 r_1} r_1 - c_1 > (1 - p_{31}) p_{b_3 r_1} r_1 + p_{31} s_3 - c_3$

得

$$p_{31} > \frac{(p_{b_3 r_1} - p_{b_1 r_1}) r_1 + (c_1 - c_3)}{(p_{b_3 r_1} r_1 - s_3)}$$

根据表 7-8，找出制度有效情况下对概率 p_{31} 的最小边界数值要求：

$$p_{31} > \frac{(p_{b_3 r_1} - p_{b_1 r_1}) r_1 + (c_1 - c_3)}{(p_{b_3 r_1} r_1 - s_3)} = \frac{(0.95 - 0.25) \times 25 + (4 - 2)}{[0.95 \times 25 - (-25)]} = 0.4$$

这样，如果除观测器之外的其他部件参数不变，该制度有效的条件是，p_2 与 p_3 两个观测器的参数必须同时满足：

$$(p_{31} > 0.4) \wedge (p_{21} > 0.24)$$

（2）改进的措施

把上述条件对照原制度参数可以发现，条件 $p_{21} > 0.24$ 在原制度中已经满足，因为 $p_{21} = 0.3$，主要问题是 $p_{31} = 0.3 < 0.4$。因此，需要设法提高 p_{31}。为此，决定采取如下措施。

措施一（改善观测器的性能）：

针对使用通信器材作弊的行为，采用电子信号侦测手段来加强观测力度，从而改善观测器的性能，即大幅提高 p_{31}。

同时，为了进一步降低作弊行为 b_3 的效用，还可以采取如下措施。

措施二（降低作弊行为的期望回报）：

使用电子信号屏蔽技术，使作弊者的预期结果的出现概率 $p_{b_3 r_1}$ 大幅降低，从而大幅降低作弊行为的期望回报。

上述两种措施说明，在制度设计中注意采用性能良好的技术设备，常常能够明显地改善制度效果。

（3）改进后的孙氏图

因制度的孙氏图结构没有变化，因此，改进后的孙氏图与图 7-7 相同。

（4）改进后的制度参数

因制度的孙氏图结构没有变化，制度中的参数项也没有增减，因此，制度参数表与表 7-7 相同。

（5）改进后的制度参数数据

但是，由于采取了一些技术措施，制度部件的性能发生了改变，因此，改进后的制度部件的性能数据发生了变化。

改进后的考试作弊惩罚制度中的参数数值见表 7-9。

表 7-9　改进后的考试作弊惩罚制度中的参数数据表

元素	部件类型	数值
r_1	取得成绩	25
s_2	成绩无效	−10
s_3	成绩无效，禁考三年	−25
c_1	努力学习的成本（时间与精力）	4
c_2	违纪行为引起的心理不安	1
c_3	作弊行为引起的心理不安与请人代考或购买通信器材的经济成本	2
p_{21}	人工监考的违纪发现概率	0.3
p_{31}	人工监考+电子信号侦测的作弊发现概率	0.9
$p_{b_1 r_1}$	正常考试时的通过概率	0.25
$p_{b_2 r_1}$	违纪行为没有被查到时，考试通过率	0.3
$p_{b_3 r_1}$	通信器材作弊在信号屏蔽情况下能收到信号的概率 0.1 乘以作弊行为没有被查到时，考试通过的概率 0.95	0.095

（6）计算个体的行为优先顺序

各行为效用计算（设个体的风险态度为风险中性）：

$$u_1 = p_{b_1 r_1} r_1 - c_1 = 0.25 \times 25 - 4 = 2.25$$

$$u_2 = (1 - p_{21}) p_{b_2 r_1} r_1 + p_{21} s_2 - c_2 = (1 - 0.3) \times 0.3 \times 25 + 0.3 \times (-10) - 1 = 1.25$$

$$u_3 = (1 - p_{31})p_{b_3r_1}r_1 + p_{31}s_3 - c_3 = (1 - 0.9) \times 0.095 \times 25 + 0.9 \times (-25) - 2 = -26.26$$

各行为效用的减序排列为

$$u_1 > u_2 > u_3$$

这样，改进后，完全理性的考生（注意：实际上不是所有考生都是理性的）的行为选择优先顺序为

$$b_1 \succ b_2 \succ b_3$$

3. 制度改进之二——采取管理措施

（1）改进的方法

由对考试作弊惩罚制度的当前情况分析可知，原制度的有效性不佳。造成这种情况的一个重要原因，是使用通信器材作弊的成功率比较高。因此，采用此种作弊手段的考生比较多。

由此，管理者可以控制作弊行为 b_3 的行为资源，即直接对作弊用的通信器材采取禁售措施，使考生买到这些器材的概率大幅降低，从而直接导致作弊行为的发生概率 $p(b_3)$ 大幅降低。

这种措施是单纯的管理措施。这说明，单纯依靠管理上的改进（而不是设备的改进），也能改善制度效果。

（2）改进后的考试作弊惩罚制度的孙氏图

改进后的考试作弊惩罚制度的孙氏图如图 7-8 所示。

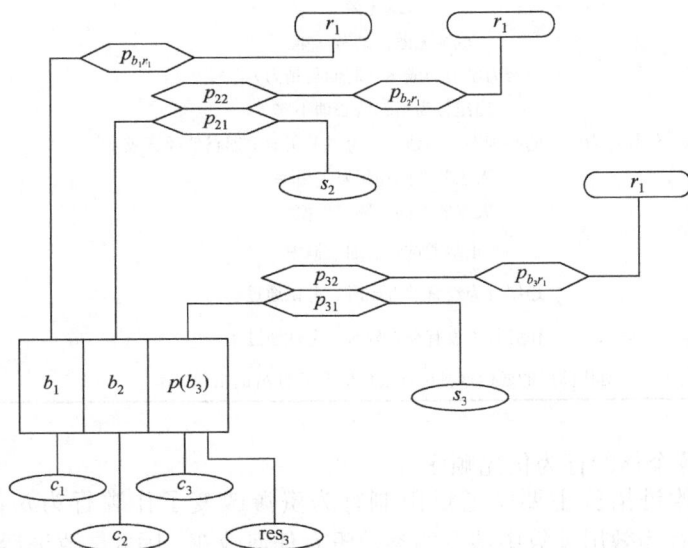

图 7-8　改进后的考试作弊惩罚制度的孙氏图

（3）改进后的考试作弊惩罚制度的参数

改进后的考试作弊惩罚制度的参数见表 7-10。

表 7-10　改进后的考试作弊惩罚制度的参数表

行为	行为内容	行为概率	行为回报（细分为两层）	第一层结果与概率	第二层结果与概率	行为成本	行为效用（设个体的风险态度为风险中性）
b_1	正常	1	r_1		考试通过，$p_{b_1 r_1}$	c_1	$u_1 = p_{b_1 r_1} r_1 - c_1$
b_2	违纪	1	r_1	违纪没有被查到，p_{22}	考试通过，$p_{b_2 r_1}$	c_2	$u_2 = p_{22} p_{b_2 r_1} r_1 + p_{21} s_2 - c_2$
			s_2	违纪被查到，对违纪惩罚，p_{21}			$= (1 - p_{21}) p_{b_2 r_1} r_1 + p_{21} s_2 - c_2$
b_3	作弊	$p(b_3)$	r_1	作弊没有被查到，p_{32}	收到作弊信号的概率乘以考试通过的概率，$p_{b_3 r_1}$	c_3	$u_3 = p_{32} p_{b_3 r_1} r_1 + p_{31} s_3 - c_3$
			s_3	作弊被查到，对作弊惩罚，p_{31}			$= (1 - p_{31}) p_{b_3 r_1} r_1 + p_{31} s_3 - c_3$

（4）改进后的考试作弊惩罚制度的参数数据

改进后的考试作弊惩罚制度的参数数据见表 7-11。

表 7-11　改进后的考试作弊惩罚制度的参数数据表

元素	部件类型	数值
r_1	取得成绩	25
s_2	成绩无效	−10
s_3	成绩无效，禁考三年	−25
c_1	努力学习的成本（时间与精力）	4
c_2	违纪行为引起的心理不安	1
c_3	作弊行为引起的心理不安或请人代考或购买通信器材的经济成本	2
p_{21}	人工监考的违纪发现概率	0.3
p_{31}	人工监考的作弊发现概率	0.3
$p_{b_1 r_1}$	正常考试时的通过概率	0.25
$p_{b_2 r_1}$	违纪行为没有被查到时，考试通过率	0.3
$p_{b_3 r_1}$	作弊行为没有被查到时，考试通过率	0.95
$p(b_3)$	对作弊用的通信器材进行禁售情况下的 b_3 的出现概率	0.3

（5）计算个体的行为优先顺序

采取的改进措施主要是通过限制行为资源改变了作弊行为 b_3 的发生概率 $p(b_3)$，而各行为效用计算中涉及的参数没有任何改变。因此，改进后理性考生对各种行为的优先选择顺序与改进前的制度一样，仍然是 $b_3 \succ b_1 \succ b_2$。

（6）给出各行为的发生概率

但与改进前不同的是，由于行为资源的限制，作弊行为 b_3 的发生概率 $p(b_3)$ 仅为 0.3，而不是改进前的 1。因此，个体行为集中各行为的发生概率为（当个体为完全理性时）：

考试作弊行为 b_3 的发生概率为 $p(b_3) = 0.3$；

考试违纪行为 b_2 的发生概率为 $p(b_2) = 0$；

正常考试行为 b_1 的发生概率为 $p(b_1) = 1 - p(b_3) = 1 - 0.3 = 0.7$。

即行为集的概率矢量为

$$p(B) = (0.7, 0, 0.3)$$

这是因为，作为完全理性的考生（注意：实际上不是所有考生都是理性的），如果可能，会优先选择作弊行为，但由于采取了"禁售作弊器材"这一控制行为资源的管理措施，考生买到专用作弊器材的概率大幅降低，只有 0.3 的概率，从而作弊行为 b_3 的发生概率 $p(b_3)$ 为 0.3。

如果作弊行为 b_3 无法实现，则人们会按行为效用顺序选择次优的行为——正常考试行为 b_1，从而正常考试行为 b_1 的发生概率 $p(b_1)$ 为 0.7。

违纪行为 b_2 的行为效用最低，同时行为效用高于 b_2 的行为 b_1 可以不受限制地选择。因此，完全理性的考生（注意：实际上不是所有考生都是理性的）绝对不会选择违纪行为 b_2，从而违纪行为 b_2 的发生概率 $p(b_2)$ 为 0。

7.5 二元行为奖励制度

7.5.1 二元行为奖励制度的基本特征

奖励制度是一种意在鼓励提倡行为的制度。奖励制度在人类社会中具有相当的普遍性，具有广泛的应用范围。

二元行为奖励制度的特点是，只有一个作为被管理对象的个体，其有两种离散行为，分别为：b_1 代表正常行为，b_2 代表提倡行为。

在这种制度下，对个体的正常行为 b_1 不观测其是否发生，并且只要个体选择正常行为 b_1，必然会得到行为回报 r_1。可见，这种制度下，正常行为 b_1 与行为回报 r_1 之间存一种必然的联系。

对提倡行为 b_2 则设置了一个二元观测器 p_2，当提倡行为 b_2 发生时，二元观测器 p_2 能够以概率 p_{21} 观测到提倡行为 b_2。这时，个体将因为选择提倡行为 b_2 而受到奖励 r_2。显然，在二元行为奖励制度中，$r_2 > r_1$。同时，观测器 p_2 性能难以做到完全有效，因此，当提倡行为 b_2 发生时，二元观测器 p_2 还以概率 $p_{22} = 1 - p_{21}$ 出现误判，即没有观测到提倡行为 b_2。这时，个体只能得到正常行为回报 r_1。

7.5.2　二元行为奖励制度的孙氏图

二元行为奖励制度的孙氏图如图 7-9 所示。

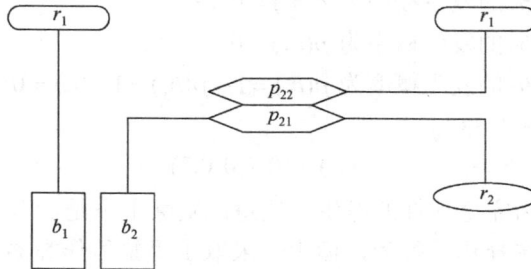

图 7-9　二元行为奖励制度的孙氏图

二元行为奖励制度孙氏图的基本特点是，有一个二元行为集：一种是正常行为 b_1；另一种是提倡行为 b_2。其中，正常行为 b_1 直接与促进器 r_1 相连接；提倡行为 b_2 与二元观测器 p_2 相连接，二元观测器的"观测到"输出口连接促进器 r_2，而"没有观测到"的输出口连接促进器 r_1。

从孙氏图的角度来看，二元行为奖励制度与二元行为惩罚制度的结构在实质上是一样的，即两者具有相同的孙氏图制度结构。两者的差别是，二元行为惩罚制度中的观测器针对不良行为，而二元行为奖励制度中的观测器针对提倡行为。

7.5.3　二元行为奖励制度的制度参数及制度有效条件

1. 二元行为奖励制度的制度参数

二元行为奖励制度参数见表 7-12。

表 7-12　二元行为惩罚制度参数表

行为	行为内容	行为回报	行为概率	行为成本	行为效用
b_1	正常	r_1	1	c_1	$u_1 = r_1 - c_1$
b_2	提倡	r_1	p_{22}	c_2	$u_2 = p_{22}r_1 + p_{21}r_2 - c_2 = (1 - p_{21})r_1 + p_{21}r_2 - c_2$
		r_2	p_{21}		

2. 二元行为奖励制度的制度有效条件

二元行为奖励制度有效的条件为 $u_1 < u_2$，即 $r_1 - c_1 < (1 - p_{21})r_1 + p_{21}r_2 - c_2$。

整理，得

$$p_{21} > \frac{c_2 - c_1}{r_2 - r_1} \qquad (7\text{-}12)$$

也就是说，如果观测力度 p_{21} 小于式（7-12）的要求，则制度无效，理性个体会选择正常行为 b_1 而不是提倡行为 b_2。

对式（7-12）再进行变形，得

$$r_2 > \frac{c_2 - c_1 + p_{21}r_1}{p_{21}} \qquad (7\text{-}13)$$

这说明，在给定观测力度 p_{21} 的情况下，对提倡行为 b_2 的奖励必须满足式（7-13）的要求，制度才是有效的，也就是说，理性个体才会倾向于选择提倡行为 b_2。

7.5.4　二元行为惩罚制度与二元行为奖励制度的适用环境

惩罚制度是一种应用相当广泛的行为管理制度。例如，政府官员任期考核过程中的重大安全事故一票否决制等在本质上都是惩罚制度。这种制度特别适用于提倡行为比较难于观测但不良行为比较容易观测的情况。例如，公务员的工作量难以观察，因此，无法按"工作量"来发工资，就只是考察其是否具有明显的失职行为，如果没有（包括有失职行为但没有让管理者看到），则按正常的公务员对待，给予固定工资。

奖励制度也是一种应用相当广泛的行为管理制度。例如，研究机构对科研人员一般实行成果奖励制度，企业管理者往往对销售人员实行业绩提成制度，等等。这种制度特别适用于不良行为比较难于观测但提倡行为比较容易观测的情况。例如，科研人员是否存在"不努力进行科学研究的行为"是难以观察的，销售人员是否存在"不努力销售的行为"也是难以观察的。在这样的情况下，就只能考察其是否具有明显的提倡行为（如观察其科研成果或销售业绩），并且按科研成果和销售业绩对其进行奖励。

习　　题

1. 试画出二元行为惩罚制度的孙氏图。
2. 从孙氏图上看，二元行为惩罚制度与二元行为奖励制度的区别什么？
3. 在计算制度效果与制度有效条件时，为什么假定被管理者的风险态度是风险中性的？如果其为风险厌恶或风险喜好，会有怎样的效果？
4. 请结合自己的单位情况，画出二元行为奖励制度的孙氏图。

5. 疑罪从无制度的制度参数有什么特点？

6. 治理腐败行为的惩罚制度的制度参数特征是什么

7. 治理偷懒行为的惩罚制度的制度参数特征是什么？

8. 二元行为惩罚制度有效的观测力度边界条件是什么？

9. 二元行为奖励制度有效的边界条件有哪些？

10. 二元行为惩罚制度与二元行为奖励制度的适用环境是什么？

第 8 章　行为管理制度下的行为概率

行为具有群体性和重复性，也存在个体的差异性。鉴于此，本章用行为概率来描述人们行为选择的情况。

本章教学目标：

● 了解行为概率的概念及特征；
● 掌握基于行为效用的行为概率模型；
● 熟练掌握行为概率的估算方法。

8.1　行为概率的概念与特征

8.1.1　什么是行为概率

行为概率，分别指两种情况：一种情况是被管理者为群体的情况下，选择某种行为的人数在该群体中的比例，为该行为的行为概率。例如，对一个有 100 个人的群体，如果其中有 10 个人选择了行为 b_i，则行为 b_i 的行为概率 $p(b_i) = 0.1$。

另一种情况是对单独的被管理者来说，在对行为进行多次选择时，某种行为被选中的次数在行为选择总次数中的比例，为该行为的行为概率。例如，某个学生对晚饭后的活动内容进行选择，一个月下来，其中，有 20 次去教室进行晚自习，10 次去了网吧玩，则"参加晚自习"这种行为的行为概率 $p(参加晚自习) = \dfrac{20}{20+10} \approx 0.67$，而"到网吧上网"这种行为的行为概率 $p(参加晚自习) = \dfrac{10}{20+10} \approx 0.33$。

需要指出的是，在实际的制度设计中，具体的行为管理制度的目标各异，同时行为结果常常比行为选择本身更容易观测，因此，行为概率常常根据相关行为的结果来计算。例如，经济行为管理制度中用存款数额在可支配收入中的比例来表示"存款行为"的行为概率，旅游管理制度中用到某地的旅游人次数在全部旅游人次数中的比例来表示"到某地旅游行为"的行为概率，等等。

8.1.2　行为概率的意义

1. 行为的群体性与重复性

行为概率在制度设计中具有重要的意义。这是因为，一般不会专门为一个人建立制度，即制度的管理对象一般都是某个社会群体；同样，也不会为一次性的行为建立制度，即制度管理的行为都是反复出现的。而这两种情况，恰恰适合用行为概率来描述人们行为选择的情况。

2. 管理对象群体中个体的差异性

社会管理的实践告诉我们，群体之中的个体行为并不能完全统一，一些行为效用高的行为，只是其行为概率高一些，而一些行为效用低的行为，即使其行为效用为负数，也很难绝迹，总是或多或少地存在。

造成人们行为选择差异的主要因素之一，是存在认知偏差。人们对行为效用的认识存在一定的非理性因素，即对同样的事物，人们对其的认识可能有较大差异。

造成人们行为选择差异的主要因素之二，是存在行为偏差。即使人们对行为效用的认识是一致的，不同的人对自己行为的控制能力不同，因此，可能对行为的选择也不同。例如，人们普遍认为吸毒行为的害处是非常明显的（个人财产遭受损失，国家法律打击），因此，多数社会成员并不参与吸毒行为。但无论打击多严厉，社会上却总是存在一定比例的吸毒人群。

造成人们行为选择差异的主要因素之三，是同样的行为对不同的人可能行为效用不同。人们所处的具体环境常常存在差异，因此，同样的行为结果，对不同的人其效用可能完全不同。例如，对一个饥饿的人来说，当前的最有效用的行为是寻找食物；而对一个富豪家的子弟来说，当前最有效用的行为却是打一场高尔夫球。

造成人们行为选择差异的主要因素之四，是行为路径造成的成本差异。人们以往的行为选择，形成了行为路径。就选择当前的同一个行为来说，行为路径不同的人的行为成本是不同的，而行为成本的差异，又造成了同样的行为对不同的人的行为效用不同。例如，生物专业的学生转行学医，就比历史专业的学生转行学医要容易一些。实际上，人们的知识与经验、财富、地位和人际关系等都会形成某些特定行为的优势，如果不利用这些优势而去选择不适合的行为，就会增加很多行为成本，进而导致行为效用低下。

因此，虽然一些研究中把人们对利益的判断看作是"一致的"，但这其实只是对实际情况的一种"简化"，以便使研究过程变得简单容易。实际上，影响人的行为选择的因素非常多，并且不同的人这些因素常常存在很大差异，造成人们的行为选择存在很大差异。

在这样的情况下，群体中各有关行为的行为概率，能够较全面而真实地反映群体中的个体类型差异及理性与非理性等各种因素的综合影响，成为用来描述制度下人们对行为选择情况的准确指标。

3. 行为概率是衡量制度设计实际效果的重要指标

无论是组织管理还是社会管理，常常需要用一定的制度来规范人们的行为。而某种制度设计的效果如何，主要看其行为概率是否符合预期。这是因为，在被管理者为社会群体的情况下，无论制度多么有效，也无法做到使"所有人都选择提倡行为"，只要提倡行为的行为概率有所提高，制度效果就是好的。同样，无论制度多么无效，也不会使"所有人都选择不良行为"。只要不良行为的行为概率没有降低，制度就是无效的。因此，行为概率是衡量制度设计实际效果的重要指标。

8.2 基于行为效用的行为概率模型

8.2.1 模型的基本形式

设行为者的行为集中共有 n 种行为，该行为集满足行为选择的唯一性与完备性，即行为者必选择且只选择其中一种行为 b_i，则行为概率模型为式（8-1）。

$$\left.\begin{array}{l} p(b_1) = \dfrac{e^{\alpha_1 + \beta_1 u_1}}{e^{\alpha_1 + \beta_1 u_1} + \cdots + e^{\alpha_i + \beta_i u_i} + \cdots + e^{\alpha_n + \beta_n u_n}} \\ \vdots \\ p(b_i) = \dfrac{e^{\alpha_i + \beta_i u_i}}{e^{\alpha_1 + \beta_1 u_1} + \cdots + e^{\alpha_i + \beta_i u_i} + \cdots + e^{\alpha_n + \beta_n u_n}} \\ \vdots \\ p(b_n) = \dfrac{e^{\alpha_n + \beta_n u_n}}{e^{\alpha_1 + \beta_1 u_1} + \cdots + e^{\alpha_i + \beta_i u_i} + \cdots + e^{\alpha_n + \beta_n u_n}} \\ \text{或者} p(b_n) = 1 - p(b_1) - \cdots - p(b_i) - \cdots - p(b_{n-1}) \end{array}\right\} \quad (8\text{-}1)$$

式中，$p(b_i)$ 是行为 b_i 的行为概率，u_i 是行为 b_i 的期望效用，α_i、β_i 是根据历史数据得到的回归系数，其取值区间为 $\alpha_i \in (-\infty, \infty)$，$\beta_i > 0$，$i \in [1, 2, \cdots, n]$。

从模型可以看出，在其他行为的期望效用不变的情况下：

$$\left.\begin{array}{l} \lim_{u_i \to \infty} p(b_i) = 1 \\ \lim_{u_i \to -\infty} p(b_i) = 0 \end{array}\right\}$$

可见，$p(b_i)$ 的值域的确符合行为概率的要求。

8.2.2 参数的意义

对 $p(b_i) = \dfrac{e^{\alpha_i + \beta_i u_i}}{e^{\alpha_1 + \beta_1 u_1} + \cdots + e^{\alpha_i + \beta_i u_i} + \cdots + e^{\alpha_n + \beta_n u_n}}$ 来说，参数 α_i 与 β_i 具有一定的意义。

首先考虑 $\alpha_i \in (-\infty, \infty)$，它决定了当行为集中所有行为的期望效用皆为 0 时，即当 $u_1 = u_2 = \cdots = u_i = \cdots = u_n = 0$ 时，行为 b_i 的发生概率。记为 $p_0(b_i)$：

$$p_0(b_i) = \frac{e^{\alpha_i}}{e^{\alpha_1} + \cdots + e^{\alpha_i} + \cdots + e^{\alpha_n}}$$

这种行为概率是在无任何动力驱动情况下发生的，因此，可以称为行为 b_i 的自发概率。行为的自发概率往往与人们的行为习惯、行为路径的状态具有较大的关系。

对 β_i 来说，影响因素是群体中占主导的知识与观念及多数个体的认知能力和认知偏差。因此，β_i 综合反映了多方面影响行为概率的因素。

其中，知识与观念包括具备多少判断效用所需要的知识、价值观结构。例如，对行为者来说，其经济收益、荣誉、地位和风险偏好各方面的重要性的差异等。认知能力（如判断能力）和认知偏差也是影响 β_i 的一个因素。

在使用该模型时，首先需要利用历史数据回归得出有关系数。其中，行为概率可以使用有关的统计数据，而行为效用，如果是经济行为可以使用有关的历史统计数据（假设个体的风险态度为风险中性，可直接用期望收益来表示行为效用），如果是非经济行为，可以采用交换效用，以经济收益为基础调查当时的人们对有关行为的交换效用的估计值。

得到模型中的回归系数之后，就可以运用该模型对制度设计效果进行预测，即把在制度下的各行为效用带入模型中，就可以估计出各相关行为的行为概率。

8.3　行为概率的估算案例

现运用基于效用的行为概率模型对 7.4.4 节中的考试作弊惩罚制度改进前（即"1. 考试作弊惩罚制度的当前状况分析"中的各行为效用为计算根据）后（即"2. 制度改进之一——采取技术措施"中的各行为效用为计算根据）的考试作弊的行为概率进行估算。

8.3.1　制度改进前的考试作弊惩罚制度的"作弊行为"概率

1. 被管理者的行为集

该制度下被管理者有三种行为：
b_1 为正常考试；
b_2 为考试违纪，即抄袭解题思路和答案；
b_3 为考试作弊，即由他人代考、使用通信设备作弊。

2. 在理性人前提下对改进前的考试作弊惩罚制度的分析结果

根据在第 7 章中的计算结果，在改进前的制度下各行为效用为 $u_1 = 2.25$，$u_2 = 1.25$，$u_3 = 7.125$。

各行为效用的减序排列为 $u_3 > u_1 > u_2$。

由此可见，在改进前的制度下，个体的行为选择优先顺序为 $b_3 \succ b_1 \succ b_2$。也就是说，第 7 章的制度模型的理论分析结果是如果考生都是理性的，就会全部选择作弊行为。

3. 利用行为概率模型估算行为概率

（1）治理考试作弊行为的惩罚制度下的行为概率模型

对有三种行为的情况，行为概率模型为

$$p(b_1) = \frac{e^{\alpha_1 + \beta_1 u_1}}{e^{\alpha_1 + \beta_1 u_1} + e^{\alpha_2 + \beta_2 u_2} + e^{\alpha_3 + \beta_3 u_3}}$$

$$p(b_2) = \frac{e^{\alpha_2 + \beta_2 u_2}}{e^{\alpha_1 + \beta_1 u_1} + e^{\alpha_2 + \beta_2 u_2} + e^{\alpha_3 + \beta_3 u_3}}$$

$$p(b_3) = \frac{e^{\alpha_3 + \beta_3 u_3}}{e^{\alpha_1 + \beta_1 u_1} + e^{\alpha_2 + \beta_2 u_2} + e^{\alpha_3 + \beta_3 u_3}}$$

（2）行为概率模型中的系数值

假设根据历史数据统计回归后，各系数的值为

$$\alpha_1 = -2.5903, \beta_1 = 0.9733$$
$$\alpha_2 = -3.7297, \beta_2 = 1.6119$$
$$\alpha_3 = -6.9078, \beta_3 = 0.7033$$

因此，模型的数值形式为

$$p(b_1) = \frac{e^{-2.5903 + 0.9733 u_1}}{e^{-2.5903 + 0.9733 u_1} + e^{-3.7297 + 1.6119 u_2} + e^{-6.9078 + 0.7033 u_3}}$$

$$p(b_2) = \frac{e^{-3.7297 + 1.6119 u_2}}{e^{-2.5903 + 0.9733 u_1} + e^{-3.7297 + 1.6119 u_2} + e^{-6.9078 + 0.7033 u_3}}$$

$$p(b_3) = \frac{e^{-6.9078 + 0.7033 u_3}}{e^{-2.5903 + 0.9733 u_1} + e^{-3.7297 + 1.6119 u_2} + e^{-6.9078 + 0.7033 u_3}}$$

（3）估算当前的行为概率

在上式中代入数据 $u_1 = 2.25$、$u_2 = 1.25$、$u_3 = 7.125$，计算 b_1、b_2、b_3 的行为概率，有

$$p(b_1) = 0.67，\quad p(b_2) = 0.18，\quad p(b_3) = 0.15$$

可见，尽管在理性分析的情况下，$u_3 > u_1 > u_2$，即考试作弊的期望效用最大，

从而行为选择的优先顺序是 $b_3 \succ b_1 \succ b_2$，但由于思想观念等的综合作用，多数人还是选择正常考试（占全部考生的 67%），轻微违纪的有 18%，而尽管严重作弊的行为回报最大，但实际上真正严重作弊的人只占 15%（其实达到这个数据，已经是非常严重的情况了）。

8.3.2　制度改进后的考试作弊惩罚制度的"作弊行为"概率

1. 制度改进后的各行为效用

对制度的改进措施有两种，一种是通过增加电子信号侦测对作弊行为加强了观测力度，即改善了观测器的性能；另一种是使用电子信号屏蔽技术，使作弊者预期回报的出现概率大幅降低，从而使采用通信器材作弊行为的期望回报大大降低（详细情况请看第 7 章）。

采用了这些改进措施之后，各行为效用为 $u_1 = 2.25$、$u_2 = 1.25$、$u_3 = -26.2625$。因此，各行为效用的减序排列为 $u_1 > u_2 > u_3$。

这样，制度改进后，如果个体是完全理性的，则其对行为选择的优先顺序为 $b_1 \succ b_2 \succ b_3$，即全部选择正常考试，不会发生违纪或作弊行为。

2. 改进后的各行为的实际行为概率

把制度改进后计算出来的各行为效用 $u_1 = 2.25$、$u_2 = 1.25$、$u_3 = -26.2625$ 代入行为概率公式中，得到各行为的行为概率为

$$p(b_1) = \frac{e^{-2.5903+0.9733u_1}}{e^{-2.5903+0.9733u_1} + e^{-3.7297+1.6119u_2} + e^{-6.9078+0.7033u_3}}$$

$$= \frac{e^{-2.5903+0.9733\times 2.25}}{e^{-2.5903+0.9733\times 2.25} + e^{-3.7297+1.6119\times 1.25} + e^{-6.9078+0.7033\times(-26.2625)}}$$

$$= 0.79$$

$$p(b_2) = 0.21$$

$$p(b_3) = 0.000\ 000\ 000\ 01$$

可见，在改进后的考试作弊惩罚制度下，选择正常考试的人的比例，由原来的 67%提高至 79%，而严重作弊的人的比例下降至万亿分之一，基本为 0，即无人严重作弊。但轻微违纪的人数却有所上升，从原来的 18%上升至 21%，这可以理解为制度改进后，严重作弊已经失去了成功的可能性，一部分原来有作弊倾向的考生转向正常考试，一部分（特别是那些在正常考试下根本无法通过的差生）则从严重作弊转向轻微违纪（如偷看别人的考卷等），从而使轻微违纪行为的行为概率有所上升。

这里再次看到了非理性现象。由于 $u_1 = 2.25$，$u_2 = 1.25$，$u_1 > u_2$，如果考生

是完全理性的，应当全部选择 b_1，而事实上考生中仍然有不小的比例选择了 b_2。由此不难看出，行为概率模型在估计制度设计效果方面具有实用价值。

习　题

1. 为什么说行为概率在制度设计中具有重要意义？
2. 什么是行为概率？
3. 造成行为概率现象的原因是哪些？
4. 试用行为概率来描述本单位员工的某一种行为。
5. 列举一种可以用行为概率来表述的行为。
6. 列举可以用行为结果描述行为概率的行为。
7. 请指出基于行为效用的行为概率模型中所涉及的参数类型及其各自的含义。

第9章　任务分担制度

本章详细讲解了三种任务分担制度（双独立制度、回报共享制度、成本公摊制度）及其改进制度下群体效用最优时，个体努力水平所达到的均衡点，从而可以在进行制度设计时明确制度结构变革方向。

本章教学目标：

● 掌握个体产出函数、群体产出函数、个体行为成本函数、群体行为成本函数和群体行为效用函数的表达公式及含义；

● 掌握三种任务分担制度及其改进制度的群体行为效用函数及个体努力水平均衡点计算方法；

● 掌握复合任务分担制度情况下的群体行为效用函数及个体努力水平均衡点计算方法。

与第 7 章不同的是，第 9 章和第 10 章主要研究制度结构对制度效果的影响，不研究制度部件性能数据对制度效果的影响。为此，除了采用孙氏图给出各种制度结构外，还将利用制度的数学模型对个体努力水平均衡点进行分析。这种分析的主要作用，是准确地比较不同制度结构下的个体努力水平的差异，给出影响个体努力水平的因素和影响方向。同时，也分析了一些为调整个体努力水平而设计的改良性制度结构，给出其调整个体努力水平的原理。这些分析，能够为了解制度结构对个体努力水平的影响，以及在制度设计中明确制度结构变革方向提供帮助。

9.1　各种任务分担制度下个体努力水平的比较基础——群体最优

任务分担制度，是使由多个个体所组成的群体共同承担某个任务的制度。企业里组织生产、事业单位组织业务活动，都需要采用任务分担制度来使员工共同努力完成既定的任务。

任务分担制度领域需要研究的核心问题，是制度下的个体努力水平均衡点及如何使均衡点达到最优的问题。

在任务分担制度中，如果行为性质为生产产品，并且生产产品的个体的单位为企业，则努力水平可以用企业生产规模来表示。

由于实际任务的特点存在差异，即产出的可分割性不同，以及行为成本的可分割性不同，就会形成三种基本类型的任务分担制度，即双独立制度、回报共享制度、成本公摊制度。

这三种类型的任务分担制度优劣的比较基准，是个体努力水平均衡时群体总体收益大小。无论何种制度，越是能够增加群体总体收益的，越是好的制度。

由于任务分担制度是把任务分配给群体中的成员，所有成员共同努力完成任务。为了方便分析，需要对这个群体规定两个假设条件：

一是群体在分配上的独立性。群体中全部个体获得的行为回报之和等于群体的全部产出，并且只来自于群体的产出，群体不保留任何剩余但也不"亏损"。即群体在对各个个体成员的行为回报分配方面，既不需要向该群体之外的力量"寻求支援"，也不需要向群体之外的力量"纳贡"。

二是群体中个体的同质性，即群体中所有个体都是相同的，无任何差异。这意味着在一定的制度下，对某个个体的分析结论，对群体中的其他个体同样适用。群体中个体的同质性，免去了对逐个个体展开分析的麻烦，对任何制度进行分析时，只要分析一个个体就可以了解全部个体的情况。

这两个假设条件使对制度结构的分析变得简单清晰。

9.1.1　个体产出函数

群体的产出是个体产出的总和。因此，首先需要构造个体产出函数。

设群体中存在 n 个个体，个体 i 的努力水平为 e_i，个体 i 的产出 r_i 与其努力水平 e_i 的关系函数为

$$r_i = r_0 - \frac{r_0}{1 + e_i} \tag{9-1}$$

式中，$r_0 \geq 0, e_i \geq 0$，其中，r_0 为个体产出的极限最大值（如生产产品时的最大生产能力、捕鱼时的最大收获极限和土地面积固定情况下庄稼的最大产量等）。因此，该产出公式具有一定的现实基础。

9.1.2　群体产出函数

群体产出 r 是制度下所有个体产出的总和。因此，群体产出函数为

$$r = \sum_{i=1}^{n} r_i = \sum_{i=1}^{n} \left(r_0 - \frac{r_0}{1 + e_i} \right) \tag{9-2}$$

9.1.3　个体行为成本函数

当存在 n 个个体时，设个体 i 的行为成本 c_i 与努力水平 e_i 的关系为

$$c_i = e_i \qquad (9\text{-}3)$$

式中，$e_i \geqslant 0$，因此，$c_i \geqslant 0$。

该公式假设行为成本与努力水平成正比。例如，在现实中，劳动中消耗的时间等都是与努力水平（如劳动量）成正比的。因此，这个公式也有一定的现实基础。

9.1.4 群体行为成本函数

群体行为成本 c 是制度下所有个体成本的总和。因此，群体成本函数为

$$c = \sum_{i=1}^{n} c_i = \sum_{i=1}^{n} e_i \qquad (9\text{-}4)$$

9.1.5 群体行为效用函数

设群体行为效用为 u，群体效用函数为

$$u = r - c = \sum_{i=1}^{n} \left(r_0 - \frac{r_0}{1+e_i} \right) - \sum_{i=1}^{n} e_i \qquad (9\text{-}5)$$

9.1.6 群体行为效用最大时的个体努力水平

假设个体 i 使群体行为效用最大的个体努力水平为 e_i^*。由群体行为效用函数对个体努力水平 e_i 求偏导，并令其为 0，有

$$\frac{\partial u}{\partial e_i} = \frac{r_0}{(1+e_i)^2} - 1 = 0$$

解得个体努力水平均衡点为

$$e_i^* = \sqrt{r_0} - 1 \qquad (9\text{-}6)$$

即如果个体 i 的目标是群体行为效用最大，则其努力水平将会均衡在式（9-6）。

由于假设各个个体无差异，在均衡时群体中各个个体的努力水平都相等，即 $e_i^* = \sqrt{r_0} - 1$ 对所有的 $i \in \{1, 2, \cdots, n\}$ 都成立。

读者在后面的几节将看到，无论何种任务分担制度，都可以通过把个体努力水平均衡点与式（9-6）进行比较而评价其优劣。只要个体产出函数符合式（9-1）并且个体成本函数符合式（9-3），如果偏离了个体努力水平 $e_i^* = \sqrt{r_0} - 1$，无论是偏大还是偏小，群体行为效用都会受损。同时，把群体行为效用定义为个体行为效用的总和，并且每个个体行为效用都相等，因此，群体行为效用受损也就意味着个体行为效用是受损的。

9.2 回报与成本双独立制度——无外部性的生产

9.2.1 双独立制度的概念及孙氏图

1. 双独立制度的概念

双独立制度是一种基本的任务分担制度，其特点是制度下群体中的各个个体的行为回报完全由该个体独享，同时其行为成本也完全由该个体独自承担。因此，"回报独立、成本独立"是双独立制度的基本特点。

双独立制度主要用于可分解成个体劳动的任务（如装卸零散货物和承包耕种土地等）。

2. 双独立制度的孙氏图

双独立制度的孙氏图如图 9-1 所示。

该图为双个体群体的特例。其中，由 e_1 出发的线指向促进器（回报型）r_1 的正端，表示个体 1 努力水平 e_1 的提高，会使 r_1 增大。同样道理，由 e_2 出发的线指向促进器（回报型）r_2 的正端，表示个体 2 努力水平 e_2 的提高，会使 r_2 增大。图中，行为回报 r_i 只与个体努力水平 e_i 正相关。同样，行为成本 c_i 也只与个体努力水平 e_i 正相关。由此可以清楚地看出，个体 1 与个体 2 之间，无论是行为成本还是行为回报都是相互独立的。

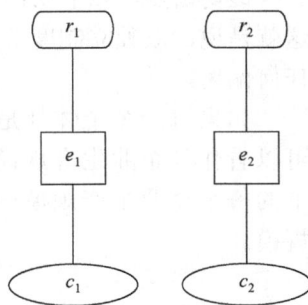

图 9-1 双独立制度的孙氏图（双个体）

9.2.2 均衡模型与个体努力水平的均衡点

1. 行为回报

在双独立制度中，行为者具有独享的行为回报（指具有排他性的收益，如果行为类型为生产劳动，这种收益即劳动成果）。

当存在 n 个个体时，设个体 i 所享受的行为回报 r_i 与其努力水平 e_i 的关系函数为

$$r_i = r_0 - \frac{r_0}{1 + e_i}$$

2. 行为成本

当存在 n 个个体时，设个体 i 的行为成本 c_i 与其努力水平 e_i 的关系函数为

$$c_i = e_i$$

3. 行为效用函数

当存在 n 个个体时，设个体 i 的行为效用函数为

$$u_i = r_i - c_i = r_0 - \frac{r_0}{1+e_i} - e_i \qquad (9\text{-}7)$$

4. 个体努力水平均衡点

由行为效用函数对个体努力水平 e_i 求偏导，并令其为 0，有

$$\frac{\partial u_i}{\partial e_i} = \frac{r_0}{(1+e_i)^2} - 1 = 0$$

解得个体努力水平均衡点为

$$e_i^* = \sqrt{r_0} - 1$$

该均衡点与章节 9.1 的群体效用最大时个体努力水平均衡点［式（9-6）］相同。这就是说，双独立制度下个体努力水平的自发均衡点是群体利益最优的，不存在任何偏离。

如果每一个个体都是一个生产型企业，则这个个体努力水平的自发均衡点可以看作是企业生产规模的自发稳定点。在个体为企业的情况下，双独立制度下的每个企业生产规模均衡点，都是使全社会所有企业的产量之和最高的生产规模。

9.2.3 双独立制度的特点与适用范围

与本章后面分析的其他类型的任务分担制度相比，双独立制度下个体努力水平均衡点对个体与群体都是最优的。因此，双独立制度是一种最有效率的任务分担制度。

但在管理实践中，许多情况下都无法使用双独立制度。

1. 难以观测个体努力水平并且在群体产出难以按个体分割的情况下无法使用双独立制度

具体来说，当需要多个个体联合起来才能生产一种产出，并且这种产出不可分割，同时每个个体的努力水平不可观测时，就无法使用双独立制度。例如，一个研究小组通过分析研究而提出的"政策建议"一类智力产品，其生产包括调研、构思、分析讨论和修改等环节，每一个环节该小组的所有成员都参加，最后形成的这个"产品"既无法按个体分割，也无法准确观测各个成员的"努力水平"。

　　反之，当每个个体的独立产出可以观测时（这时每个个体的努力水平可以用各自的产出表示），就可以使用双独立制度。例如，众多工人联合制造一艘大船，对一些小零件，则完全可以采用双独立制度。对船体等大件，也可采用工作量分割的方法，如测量每个工人的工作面积等。因此，一些物理性产品的工作任务相对容易分割，也就比较容易采用双独立制度。

　　行为回报难以按个体分割情况下的任务分担制度将在随后的"回报共享制度"中详细分析。

2. 行为成本难以分割时不宜采用双独立制度

　　行为成本难以分割时，个体会由于能够把成本转嫁到其他个体而使个体努力水平超过群体收益的最优点。例如，如果众多海洋捕捞公司都把自己公司的"捕捞量"限制在一定数量之下，就会由于渔业资源保护得较好而生产效益较高。但"消耗渔业资源"这个成本难以在各个海洋捕捞公司之间清楚地划分（鱼能够在各个海域之间流动，而且多个海洋捕捞公司也常常在同一个海域中进行捕捞作业），就会导致各个海洋捕捞公司拼命加大"捕捞量"，结果是渔业资源枯竭、产量低下，每个海洋捕捞公司的日子都过得何其艰难。

　　行为成本难以按个体分割情况下的任务分担制度将在随后的"成本公摊制度"中详细分析。

3. 个体产出的质量难以观测时双独立制度效果不佳

　　如果个体产出数量容易观测但其质量难以观测，在双独立制度下就容易造成个体产出数量多、质量差的情况。

　　例如，"速成鸡""高产蛋"一类的量多、质差的产品的出现，就与双独立制度有一定的关系。

9.3　回报共享制度——有正外部性的生产

9.3.1　回报共享制度的概念及孙氏图

1. 回报共享制度的概念

　　回报共享制度是一种多个个体联合成一个群体来完成任务的任务分担制度，其特点是把群体产出按个体数量平均后作为每个个体的行为回报，即群体收益是由成员"平均共享的"。但每个个体的行为成本却是独立承担的。因此，"回报共享、成本独立"是回报共享制度的基本特征。

在回报共享制度中，如果个体行为是生产产品，则这种行为是一种有正外部性的生产行为。

在管理实践中，造成回报共享的主要原因有三类：

第一类是产出具有很强的正外部性，如修公路和桥梁及治理环境污染等。这种正外部性，造成事实上享用产出的除了生产者（或投资者）之外，还有许多其他的潜在个体。

第二类是产出本身无法按生产者群体中的个体分割。例如，多人向一个水池子里溶解清洁剂，"池水变清洁"就是其无法分割的共同产出。

第三类是人为的制度性原因。例如，在群体中采用平均工资制度，也会使个体劳动产生正外部性，即在为个人增加收入的同时也增加了其他人的收入，从而形成了人为的回报共享。

2. 回报共享制度的孙氏图

回报共享制度的孙氏图如图 9-2 所示。

图中，由 e_1 出发的线、由 e_2 出发的线共同指向促进器（回报）r 的正端，表示个体 1 努力水平 e_1 的提高，会使 r 增大。个体 2 努力水平 e_2 的提高，也会使 r 变大。而且这个 r 是由个体 1 与个体 2 共同享受的。这就是说，即使个体 i 完全不努力，只要其他个体努力，则个体 i 也仍然能够享受到一定的行为回报。

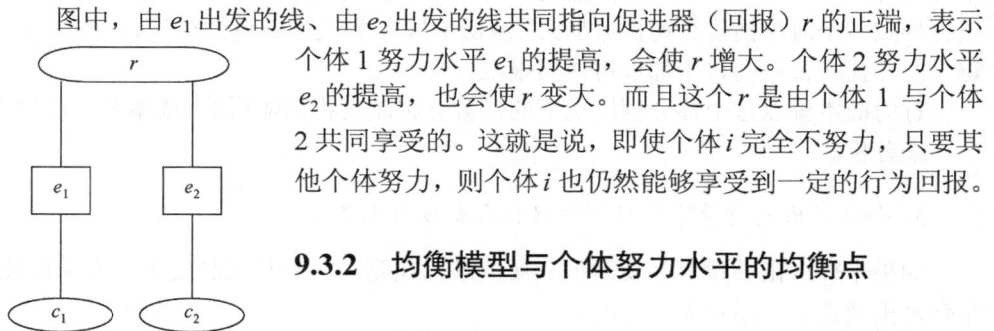

图 9-2　回报共享制度的
孙氏图（双个体）

9.3.2　均衡模型与个体努力水平的均衡点

1. 行为回报

在回报共享制度中，各个行为者具有共享的行为回报，即各行为者所享受的行为回报是群体产出的个体数量的平均值。

设个体 j 的产出为

$$r_j' = r_0 - \frac{r_0}{1+e_j}$$

式中，e_j 指个体 j 的努力水平。

当存在 n 个个体时，群体产出为

$$r = \sum_{j=1}^{n} r_j' = \sum_{j=1}^{n}\left(r_0 - \frac{r_0}{1+e_j}\right)$$

在回报共享制度下，每个个体所享受的行为回报都是群体产出按个体数量平均后得到的平均值，因此，个体 i 所享受的行为回报 r_i（注意：在回报共享

制度下，个体 i 所享受的行为回报 r_i 与其产出 r_i' 不一定相等）与群体努力水平的关系函数为

$$r_i = \frac{1}{n} \sum_{j=1}^{n} \left(r_0 - \frac{r_0}{1+e_j} \right) \tag{9-8}$$

式中，$r_0 \geqslant 0, e_j \geqslant 0, j = \{1, 2, \cdots, n\}$，其中，$r_0$ 为行为回报的极限最大值。

2. 行为成本

设个体 i 的行为成本 c_i 与其努力水平 e_i 的关系为

$$c_i = e_i$$

3. 行为效用函数

回报共享制度下的个体 i 的行为效用函数为

$$u_i = r_i - c_i = \frac{1}{n} \sum_{j=1}^{n} \left(r_0 - \frac{r_0}{1+e_j} \right) - e_i \tag{9-9}$$

4. 个体努力水平均衡点

由行为效用函数对个体努力水平 e_i 求偏导，并令其为 0，有

$$\frac{\partial u_i}{\partial e_i} = \frac{r_0}{n(1+e_i)^2} - 1 = 0$$

解得个体努力水平均衡点为

$$e_i^* = \sqrt{\frac{r_0}{n}} - 1 \tag{9-10}$$

即如果个体为完全理性人，则其努力水平均衡点见式（9-10）。

9.3.3 回报共享制度的特点——个体努力水平不足

1. 个体努力水平低于双独立制度

与双独立制度的个体努力水平均衡点 $e_i^* = \sqrt{r_0} - 1$ 相比，可以发现回报共享制度的均衡点 $e_i^* = \sqrt{\dfrac{r_0}{n}} - 1$ 表示的个体努力水平更低一些，因为 $n \geqslant 1$。双独立制度下群体收益与个体行为效用都是最优的，因此，回报共享制度下群体收益与个体行为效用都是偏低的。

如果个体为生产型企业，其努力水平用生产规模来表示时，即当生产行为有正外部性时，企业自发的生产规模稳定点总是偏低于使社会总产量最高的最优生产规模。

2. 群体中人数越多个体努力水平越低

观察回报共享制度下的个体努力水平均衡点 $e_i^* = \sqrt{\dfrac{r_0}{n}} - 1$，可以看出，群体中人数越多，个体努力水平越低。特别地，当 $n = 1$ 时，回报共享制度下的均衡点与双独立制度下的均衡点具有相同的个体努力水平。而当 $n \to \infty$ 时，回报共享制度下的均衡点 $e_i^* \to -1$，即表现为"负的努力水平"，即可以理解为个体不仅工作不努力，反而对别人的努力起阻碍作用。

9.3.4　回报共享制度下的提高努力水平的措施

尽管有时不得不使用回报共享制度，但在这样的情况下还是能够采取一些措施来提高个体努力水平。

1. 尽可能减小群体规模

群体中人数越多则大家的努力水平越低，因此，在可能的情况下，制度设计者应当尽可能地分割产出，从而使群体尽可能地变得小一些。

2. 采用性能良好的观测器

个体努力水平难以观测是无法使用双独立制度的重要原因。因此，努力寻找性能良好的观测器，并根据观测结果进行一定的奖励（例如，尽管在回报共享制度下每个人日常得到的还是平均工资，但可以根据员工们的不同努力水平发一些差异化的奖金），这样也能够使个体努力水平提高一些。

9.3.5　案例——比慢竞赛

某大型邮局有多个窗口向顾客提供服务，每个窗口由一名工作人员负责。以前，该邮局采用平均工资制度，工作人员的工资与奖金等只与邮局的整体业绩有关。当时领导的想法是，每个人都是一样的工资（不同的人的工资仅因工龄的长短不同而有一些差别，实质上还是平均工资），这样每个人都会感觉很公平。同时，也有激励大家努力工作的动力，因为如果大家都努力工作，邮局整体业绩就会好一些，这样大家的工资都会提高。这是典型的回报共享制度。

但领导很快发现，各窗口的工作人员工作并不努力，特别是在顾客人数很多的节假日，由于各窗口的劳动强度比较大，许多窗口竟然形成了"比慢竞赛"，各个窗口都在设法使自己工作得速度慢一些，以便减少自己的服务人数。

　　现实促使领导改革工资制度，采取服务人数与工资挂钩的办法，每月统计服务纪录，服务人数多的员工工资更高。这便是双独立制度（工作成本为员工的个人体力、精力的付出，也是在员工之间相互独立的）。进行了如此改革之后，"比慢竞赛"再也没有发生，而是各员工都设法提高服务速度，争取多服务一些顾客。

9.3.6　重要结论

　　由此，可以发现管理学界和经济学界长期存在的一个思维误区，即认为如果有一个"群体效益好了其成员收益就会高"的制度，就一定会推动成员"努力工作"。通过前述分析可以发现情况并不是这样，如果群体产出无法按成员分割从而导致成员努力水平无法观测时，成员努力水平均衡点相对是较低的。

　　例如，当前流行的"员工持股计划"，试图"把员工利益与企业利益捆绑在一起"，但如果仅使员工的收入与企业的整体业绩相关，并不一定能促使员工提高努力水平。只有能够把员工之间的个体业绩相互区分并且严格按照员工的个体业绩奖励员工时，才能有效地促使员工提高努力水平。当然，那些持股比例很高的大股东肯定很关注公司利益，因为其利益与公司整体业绩的相关度很高。但对那些持股比例很小的普通员工来说，"员工持股计划"并不一定能起到很好的激励效果。

9.4　回报共享制度的改进——具有成本补贴的回报共享制度

　　在管理实践中，采用回报共享制度，主要是由于无法观测个体产出，从而大家只能按平均原则共享群体产出。但回报共享制度下仍然存在可观测的因素——个体的行为成本是相互独立的，这意味着个体的行为成本可能会具有较好的可观测性。因此，可以据此对回报共享制度进行改进，即在回报共享制度中附加成本补贴，从而促使个体提高其努力水平。

9.4.1　具有成本补贴的回报共享制度的概念及孙氏图

1. 具有成本补贴的回报共享制度的特点

　　具有成本补贴的回报共享制度，是为了提高个体努力水平而设计的改进型制度，主要特点是除了回报共享和成本独立等回报共享制度的特征外，还根据个体的成本消耗给予个体一定的"成本补贴"。个体的成本消耗是独立的，因此，成本消耗直接与个体努力水平正相关，这等于"成本补贴"与个体努力水平正相关。

这样，"成本补贴"实际上成为个体提高努力水平的一种"回报"。因此，这种补贴能够起到促使个体提高努力水平的作用。可以想象，具有成本补贴的回报共享制度下的努力水平一定会比单纯的回报共享制度下的努力水平要高。

需要指出的是，"成本补贴"的存在并不一定意味着管理成本的上升，因为可以在群体产出中扣除一部分产出作为"成本补贴"使用。因此，在具有成本补贴的回报共享制度中，每个个体享受的行为回报会少一些，这些减少的份额，则转移到与个体成本消耗相关的成本补贴上。

2. 具有成本补贴的回报共享制度的孙氏图

具有成本补贴的回报共享制度的孙氏图如图 9-3 所示。其中，r_{si} 为针对个体 i 的成本补贴。

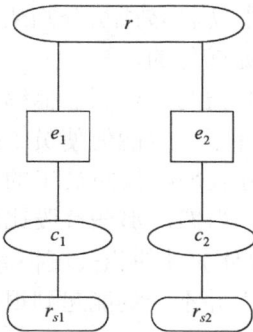

图 9-3　具有成本补贴的回报共享制度的孙氏图（双个体）r_{si} 为个体成本 c_i 的线性函数（k 表示成本补贴系数），则

9.4.2　均衡模型与个体努力水平的均衡点

1. 行为成本

设个体 i 的行为成本与其努力水平的关系仍然为

$$c_i = e_i$$

2. 行为成本补贴

行为成本补贴可以采用个体成本的各种函数形式，为了简单，本书假设针对个体 i 的行为成本补贴

$$r_{si} = kc_i = ke_i \tag{9-11}$$

3. 行为回报

在具有成本补贴的回报共享制度中，个体 i 所享受的行为回报 r_i 为群体产出减去对各个个体的补贴总和后的剩余按个体数量的平均值，因此，个体 i 所享受的行为回报 r_i 与群体的行为努力水平的关系函数为

$$r_i = \frac{1}{n}\sum_{j=1}^{n}\left(r_0 - \frac{r_0}{1+e_j} - r_{sj}\right) = \frac{1}{n}\sum_{j=1}^{n}\left(r_0 - \frac{r_0}{1+e_j} - ke_j\right) \tag{9-12}$$

4. 行为效用函数

具有成本补贴的回报共享制度下的个体 i 的行为效用函数为

$$u_i = r_i - c_i = \frac{1}{n}\sum_{j=1}^{n}\left(r_0 - \frac{r_0}{1+e_j} - ke_j\right) - e_i + ke_i \tag{9-13}$$

5. 个体努力水平均衡点

由行为效用函数对个体 i 的努力水平 e_i 求偏导，并令其为 0，有

$$\frac{\partial u_i}{\partial e_i} = \frac{r_0}{n(1+e_i)^2} - \frac{k}{n} + k - 1 = \frac{r_0}{n(1+e_i)^2} + \left(1 - \frac{1}{n}\right)k - 1 = 0$$

解得个体 i 的努力水平 e_i 的均衡点为

$$e_i^* = \sqrt{\frac{r_0}{n-(n-1)k} - 1} \tag{9-14}$$

由式（9-14）可知，$r_0 > 0$，因此，k 必须满足条件：

$n-(n-1)k > 0$，即 $\dfrac{n}{(n-1)} > k$，同时由成本补贴的意义知 $k > 0$，因此，

$\dfrac{n}{(n-1)} > k > 0$。

比较式（9-14）与式（9-10），$n > n-(n-1)k$，因此，$\sqrt{\dfrac{r_0}{n-(n-1)k} - 1} > \sqrt{\dfrac{r_0}{n} - 1}$。

即具有成本补贴的回报共享制度下的个体努力水平要高于单纯的回报共享制度下的个体努力水平。

实际上，只要群体的产出效率充分高，即产出与消耗的成本之比充分大，制度设计者可以调节 k，使得 $n-(n-1)k = 1$，即 $k = 1$，也就是对个体成本实行完全的补贴，这时，

$$\sqrt{\frac{r_0}{n-(n-1)k} - 1} = \sqrt{\frac{r_0}{n-(n-1)} - 1} = \sqrt{r_0} - 1$$

即这时具有成本补贴的回报共享制度下的个体努力水平均衡点与使群体收益最大的努力水平均衡点[即式（9-6）]完全一样了。

9.4.3 具有成本补贴的回报共享制度的特点与适用范围

虽然具有成本补贴的回报共享制度能够相对提高个体努力水平，但其也有其不足之处：与产出相比，成本的可观测性相对较差，这种制度以成本为补贴的自变量，更容易导致虚报成本。

因此，具有成本补贴的回报共享制度常常更适用于成本可观测性好且与努力水平相关度高的行为类型。

9.5　串联合作制度——回报共享制度变形之一

9.5.1　合作制度的概念

合作制度指多个个体联合起来形成更大的实力来承担任务的制度。这里所说的合作，是指多个个体在行为上形成相互协调配合的整体，获得的收益超过各个个体"单干"的收益之和的情况。这种情况用数学概念来描述，就是合作形成的群体效益是各个个体"单干"收益"超可加"形成的。

设 r 为合作群体的总体收益，$r(i)$ 为个体 i 单干时的收益，参与合作的个体数量为 n，则把 $r(i)$ 的超可加性定义为 $r > \sum_{i=1}^{n} r(i)$，把 $r(i)$ 的可加性定义为 $r = \sum_{i=1}^{n} r(i)$，把 $r(i)$ 的次可加性定义为 $r < \sum_{i=1}^{n} r(i)$（如合作群体中出现矛盾导致内耗时就会出现这种情况）。需要注意的是，一些书中把超可加性定义为 $r \geq \sum_{i=1}^{n} r(i)$，但这种定义不便于区别"超可加性"与"一般的可加性"，故本书采用 $r > \sum_{i=1}^{n} r(i)$ 来定义超可加性。

合作制度存在，是因为在许多情况下，个体之间只有合作，才能形成有效的承担任务的能力。

例如，数学家与物理学家常常合作写论文，是因为一些需要高深数学基础的物理学论文，单独的数学家与单独的物理学家都无法完成。因此，数学家与物理学家合作写出论文，是数学家单干时的"0 篇论文"与物理学家单干时的"0 篇论文""超可加"形成的。

再如，流水生产线上各个环节的工人必须合作才能生产出产品，每个工人都无法单独生产出产品。因此，该流水线的产品生产数量也是每个工人单干时"生产 0 件产品""超可加"形成的。

合作行为能够形成更大的承担任务的能力，因此，合作制度在类别上属于任务分担制度。同时，多个个体合作产生的产出常常是无法按个体分割的，因此，合作制度在性质上属于回报共享制度。

但是，与一般的回报共享制度不同的是，合作制度下个体产出必须具有"超可加性"，进而产生比一般的回报共享制度更大的群体收益。9.3 节和 9.4 节所分析的回报共享制度中，个体收益只是通过"一般的可加性"形成群体收益的。例如，多人在一起装卸零散货物，一个人一小时装卸 20 件，10 个人组成的群体一小时装卸 200 件，这不是本书所指的合作，因为群体产量只是各个参与者的产量简单相加而成的，没有"超可加性"，即没有超出各个个体"单干收益"简单之和的额外收益。如果不是多人装卸，一个人也能完成装卸任务，只是花的时间长一些。但是，当多人抬一块大石头时却是合作，因为如果不合作，石头就抬不起来，在这种情况下，"单干收益"为零，合作产生的群体收益不是"单干收益"的简单相加，而是"单干收益""超可加"形成的。

合作行为分为串联合作与并联合作两种不同的类型。

9.5.2　串联合作制度

串联合作，是指各合作参与方对群体收益具有乘法效应的情况，即必须全部合作参与者都努力，群体才有收益，只要有一个合作参与者的努力水平为零，则群体收益为零。群体收益的大小，取决于群体中努力水平最低的合作参与者，即取决于众多合作参与者中的"短板"。

设 r 为合作群体的总体收益，合作参与者数量为 n，e_i 为个体 i 的努力水平，$f(\cdot)$ 为单调递增函数，则串联合作的乘法效应的数学定义为 $r = f[\min(e_1, e_1, \cdots, e_n)]$。

产品装配的线性流水线作业，就是典型的串联合作，整个流水线的生产能力，取决于装配最慢的环节。极端的情况是，只要有一个环节停工，整个流水线的产出即为零。

9.5.3　串联合作制度的孙氏图

串联合作制度的孙氏图如图 9-4 所示。

图 9-4 为双个体进行串联合作的特例，在串联合作的环节上，个体 1 在前，个体 2 在后。

图中，由 e_1 出发的箭头线指向结果 con_1，表示个体 1 的合作行为导致结果 con_1 出现。由结果 con_1 出发的箭头线与由 e_2 出发的箭头线共同指向结果 con_2，表示在结果 con_1 出现的前提下，个体 2 的合作行为导致结果 con_2 出现。由结果 con_2 出发的箭头线指向群体回报 r，表示结果 con_2 的出现会产生群体收益。汽车装配流水线可以看作串联合作的一个例子。con_1 可以看作是汽车的前面的装配工序，这时汽车还没有成形，因此，不产生价值。con_2 可以看作是汽车装配的最后工序，通过这个工序汽车成形，因此，具有了使用价值，从而可以在市场上出售，即产生了回报 r。

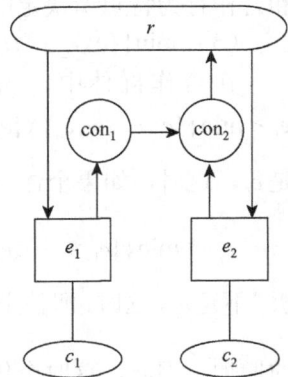

图 9-4　串联合作制度的孙氏图（双个体且 e_1 在前）

回报 r 出发的两个箭头线分别指向 e_1 与 e_2，表示个体 1 与个体 2 共享群体回报 r。

可见，在图 9-4 中，个体 1 与个体 2 共同努力，通过结果 con_1 与 con_2 产生由其共享的回报 r。

对比图 9-4 与单纯的回报共享制度的孙氏图（图 9-2），不难看出在制度结构上，串联合作制度其实是由单纯的回报共享制度演化而来的，其仍然保留着回报共享制度的最根本特征——具有各个个体共享的群体回报 r。不同的是，图 9-4 增加了两个串联的结果"con"（这反映了串联合作制度的特征）。

9.5.4　平均分配群体收益的串联合作制度的数学模型

1. 平均分配群体收益的串联合作的行为回报函数

（1）行为回报函数

假设存在 n 个合作参与者（即个体），每个个体平分群体收益，则个体 i 的行为回报函数为

$$r_i = \begin{cases} \dfrac{R_0}{n} - \dfrac{R_0}{n(1+we_i)}, & e_i < \min\{\{e_1,e_2,\cdots,e_n\}\setminus\{e_i\}\} \\[3mm] \dfrac{R_0}{n} - \dfrac{R_0}{n[1+w(\min\{e_1,e_2,\cdots,e_n\})]}, & e_i \geqslant \min\{\{e_1,e_2,\cdots,e_n\}\setminus\{e_i\}\} \end{cases} \tag{9-15}$$

式中，$R_0 > 0, n \geqslant 1, e_i \geqslant 0, w > 1$，$\{e_1,e_2,\cdots,e_n\}\setminus\{e_i\}$ 表示在集合 $\{e_1,e_2,\cdots,e_n\}$ 中剔除元素 $\{e_i\}$，$\min\{\{e_1,e_2,\cdots,e_n\}\setminus\{e_i\}\}$ 表示在集合 $\{\{e_1,e_2,\cdots,e_n\}\setminus\{e_i\}\}$ 中求最小值的元素。

（2）R_0 的意义

R_0 是形成合作的群体所能够获得的最大群体收益的上确界。它是由群体特点和合作行为特点所决定的。

（3）$\min\{\{e_1,e_2,\cdots,e_n\}\setminus\{e_i\}\}$ 的意义

在合作群体中，$\min\{\{e_1,e_2,\ldots,e_n\}\setminus\{e_i\}\}$ 是除了 e_i 之外的最小努力水平。$e_i < \min\{\{e_1,e_2,\cdots,e_n\}\setminus\{e_i\}\}$ 意味着在串联合作群体中，个体努力水平的"短板"是 e_i，这时，如果个体 i 提高其努力水平 e_i，会引起群体收益 $R_0 - \dfrac{R_0}{1+we_i}$ 的增加。

$e_i \geqslant \min\{\{e_1,e_2,\cdots,e_n\}\setminus\{e_i\}\}$ 意味着在串联合作群体中，个体努力水平的"短板"不是 e_i，这时，即使个体 i 提高其努力水平 e_i，也不会引起群体收益 $R_0 - \dfrac{R_0}{1+we_i}$ 的增加。因此，这时个体 i 不会提高其努力水平。

因此，对个体 i 来说，$\min\{\{e_1,e_2,\cdots,e_n\}\setminus\{e_i\}\}$ 决定了串联合作情况下个体 i 对串联合作群体的最大贡献（即个体 i 的努力实现的群体最大收益）。

例如，五个人（分别用 1、2、3、4、5 来表示）在流水线上装配生产一件产品，但每个人的努力水平不同。1 的努力水平是每小时装配 9 件产品，2 是每小时装配 8 件产品，3 是每小时装配 3 件产品，4 是每小时装配 7 件产品，5 是每小时装配 6 件产品。对个体 3 来说，$\min\{\{e_1, e_2, e_3, e_4, e_5\} \setminus \{e_3\}\}$ 就是剔除个体 3 的装配速度后，流水线上的最小装配速度为个体 5 的速度，即 $\min\{\{e_1, e_2, e_3, e_4, e_5\} \setminus \{e_3\}\}$ 为每小时装配 6 件产品。这时，对 3 这个合作参与者来说，在其装配速度达到每小时 6 件产品之前，提高装配速度能够提高流水线的生产能力。

反之，如果 3 的装配速度已经达到每小时 6 件产品，这时，他再提高努力水平已经对群体收益不产生影响，只要个体 5 的装配速度仍然保持在每小时 6 件产品，则整个流水线的生产能力总是每小时 6 件产品。

（4）w 的意义

w 是合作群体对个体行为效果的放大作用，其大小与合作行为的性质有关。例如，在串联合作的生产系统中，在其他环节的努力水平都已经具备的情况下，个体 i 的努力水平从 0 增长，则合作群体的产出从无到有，个体 i 的行为效益直接表现为群体产出。群体产出一般都远大于单独个体的产出，因此，个体 i 的产出被合作群体所放大，w 表达的就是这种放大效应。

2. 串联合作的行为成本函数

串联合作情况下，个体 i 的行为成本是全部由自己承担的，因此，其行为成本函数仍然为

$$c_i = e_i$$

式中，c_i 为个体 i 的合作行为成本，e_i 为个体 i 的合作努力水平。

3. 串联合作的行为效用函数

当存在 n 个个体参与串联合作时，个体 i 的行为效用函数为

$u_i = r_i - c_i$

$$= \begin{cases} \dfrac{R_0}{n} - \dfrac{R_0}{n(1 + we_i)} - c_i, & e_i < \min\{\{e_1, e_2, \cdots, e_n\} \setminus \{e_i\}\} \\[4mm] \dfrac{R_0}{n} - \dfrac{R_0}{n[1 + w(\min\{e_1, e_2, \cdots, e_n\})]} - c_i, & e_i \geqslant \min\{\{e_1, e_2, \cdots, e_n\} \setminus \{e_i\}\} \end{cases} \quad (9\text{-}16)$$

9.5.5　串联合作制度下个体努力水平均衡点及影响因素

1. 串联合作制度下个体努力水平的均衡点

由行为效用函数对个体努力水平 e_i 求偏导，有

$$\frac{\partial u_i}{\partial e_i} = \begin{cases} \dfrac{R_0 w}{n(1 + we_i)^2} - 1, e_i < \min\{\{e_1, e_2, \cdots, e_n\} \setminus \{e_i\}\} \\ -1, e_i \geqslant \min\{\{e_1, e_2, \cdots, e_n\} \setminus \{e_i\}\} \end{cases}$$

令 $\dfrac{\partial u_i}{\partial e_i} = 0$，解得个体 i 的努力水平均衡点为

$$e_i^* = \sqrt{\frac{R_0}{nw}} - \frac{1}{w} \qquad\qquad (9\text{-}17)$$

当 $e_i < \min\{\{e_1, e_2, \cdots, e_n\} \setminus \{e_i\}\}$

2. 串联合作制度下个体努力水平均衡点的影响因素

现在分析影响个体 i 的努力水平均衡点 e_i^* 的因素。

（1）合作参与者越多则个体努力水平均衡点越低

由式（9-17）直接可看出，e_i^* 与 $\dfrac{1}{\sqrt{n}}$ 呈线性正相关，即合作参与者数量 n 越大，个体 i 的努力水平均衡点 e_i^* 越低。

特别地，当 $n=1$，$w=1$ 时，即合作参与者只有一个个体，群体对个体的行为效果没有任何放大作用，这时为个体单干的情况。此时，式（9-17）变成（式中 R_0 变成 r_0 是因为在单干情况下，最大收益只与个体行为性质有关而不受其他个体的影响，因为根本不存在其他个体）：

$$e_i^* = \sqrt{r_0} - 1$$

对比上式与个体单干时的努力水平均衡点公式（9-6），可以发现两者完全相同，即在个体单干的极端情况下，合作制度下的个体努力水平均衡点与双独立制度（独立成本、独立回报）时的均衡点公式完全相同。由此可以看出，本书的制度分类与制度数学模型具有良好的稳定性和一致性。

（2）R_0 越高则个体努力水平均衡点越高

再来看合作群体所能够获得的最大群体收益的上确界 R_0。很明显，R_0 越高，个体 i 的努力水平均衡点 e_i^* 越高。

3. 主要结论

由上述分析可以得出以下两个结论。

一是由对合作参与者数量 n 的分析可以看出，除非万不得已，合作所形成的群体规模应当尽可能地小一些，这样合作参与者会更有积极性。

二是由对 $\min\{\{e_1, e_2, \cdots, e_n\} \setminus \{e_i\}\}$ 的分析可以发现，合作群体中，各个个体的努力程度是互相影响的，群体成员越努力，参与合作的个体在这种氛围中越会提

高其努力水平。反之，如果群体成员都不努力，则个别个体即使想努力也不会有效果，因此，会导致其放弃努力。

9.5.6　高于 e_i 的个体努力水平 e_k 的等待问题

高于 e_i 的个体努力水平 e_k 的等待问题是指，在串联合作中，只有在 e_i 为最低的情况下，群体收益才会随着 e_i 的提高而提高。当 e_i 为最低的时候，其他参与人 k 的努力水平 e_k 不是最低，这意味着 k 的努力水平 e_k 高于 e_i 的部分是一种浪费。

在这种情况下，合作群体中各合作参与者的努力水平有两种可能的演化方向。

一是 e_i 不断提高，最后所有参与者的努力水平都在某一个水平上均衡，这个过程的结果就是式（9-17）。

二是最低努力水平 e_i 的存在造成所有高于 e_i 的努力水平都是"浪费"，因此，除了个体 i 之外的所有合作参与者都降低当前努力水平，结果导致群体成员在很低的努力水平上均衡，甚至可能在努力水平为零的情况下达到均衡。

一般来说，第二种情况是不会发生的。这是因为，经验会告诉所有合作参与者，如果群体成员坚持在某个较高的努力水平上，最低努力水平的合作参与者为了其收益，也会渐渐提高其努力水平，这样串联合作就会产生较好的收益，从而每个合作参与者都会"分到"较好的收益。但如果群体成员用降低努力水平的方式"向最低的努力水平看齐"，结果是使合作群体收益在很低的水平上均衡，也导致每个参与者的收益很低甚至为零。

9.6　并联合作制度——回报共享制度变形之二

9.6.1　并联合作制度及孙氏图

1. 并联合作

并联合作，是指各个合作参与者的收益只具有超可加性效应的情况，即群体效益大于各个合作参与者"单干"的效益之和，但不具备乘法效应，也就是说，与串联合作不同的是，如果有合作参与者努力水平为零，群体仍然可能有效益。

例如，抬重物，任何人如果"单干"，都无法把重物抬起来，因此，每个人"单干"的效益都为零。但如果大家合作，一起来抬，则重物可能会被抬走，群体产生效益，这种效益超过了各个单干者的效益之和，这就是超可加性。在这种情况下，只要大家充分用力，即使其中有人不用力，重物仍然可能被抬起来，群体仍然可能有效益，这就是不具备乘法效应的情况。由此可以看出，并联合作与具有乘法效应的串联合作是非常不同的。

2. 并联合作制度的孙氏图

并联合作制度的孙氏图如图 9-5 所示。

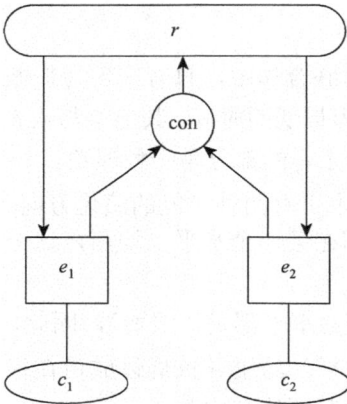

图 9-5　并联合作制度的孙氏图
（双个体并联合作）

图 9-5 是双个体并联合作的特例。其中，由 e_1 及 e_2 出发的箭头线指向结果 con，表示个体 1 与个体 2 的合作行为会导致结果 con，但结果 con 不会直接对个体的行为 e_1 及 e_2 有影响。由结果 con 出发的箭头线指向 e_1 和 e_2 共享的回报（促进器）r 的正端，表示结果 con 的出现会使 r 增大，而由 r 正端出发的箭头线分别指向 e_1 及 e_2，表示个体 1 和个体 2 会为了取得 r 而提高其努力水平 e_1 和 e_2。

对比图 9-5 与单纯的回报共享制度的孙氏图（图 9-2），可以发现两者十分接近。其实，两者没有实质性区别，单纯的回报共享制度的孙氏图也可以画成图 9-5。只是为了简洁，图 9-2（回报共享制度的孙氏图）中把结果"con"省略了。而对并联合作制度来说，并联合作产生结果常常有群体努力水平的门槛（群体努力水平达不到一定强度，不会产生有意义的结果），或者合作参与者的产出存在超可加性而导致"结果"十分可观，因此，需要强调结果"con"的重要性，这样其孙氏图就是图 9-5。

9.6.2　平均分配群体收益的并联合作制度的数学模型

1. 平均分配群体收益的并联合作的行为回报函数

假设存在 n 个合作参与者（即个体），当无法测量各个合作参与者的单独贡献时，只能平分群体收益，即 $r_1 = r_2 = \cdots = r_n = \dfrac{R}{n}$，其中，$R$ 为群体收益。则个体 i 的行为回报函数为

$$r_i = \begin{cases} \dfrac{R_0}{n} - \dfrac{R_0}{n(1+we_i)}, & \sum e_j \geqslant e_0 \\ 0, & \sum e_j < e_0 \end{cases} \tag{9-18}$$

式中，$R_0 > 0, n \geqslant 1, e_i \geqslant 0, w > 0, e_0 > 0$。

式（9-18）反映了当 $\sum e_j \geqslant e_0$ 时，个体 i 所享受的行为回报随着其努力水平 e_i 的提高而增加，但增加的幅度会随着 e_i 的增大而趋缓。

在式（9-18）中，各有关要素定义如下。

（1）R_0 的意义

R_0 为由并联合作行为特点所决定的个体提高其努力水平所能够获得的最大群体收益的上确界。

（2）e_0 的意义

e_0 为使群体产生收益所需要的最小"合力"，即令群体产生收益所需要的所有合作参与者的努力水平之和（注意：这种和为"超可加"形成的）的最小值，它与合作行为的性质有关。例如，在搬运重物时，重物的重量为 300 千克，这时，只有众人合力大于 300 千克时才能产生群体收益（搬走重物），因此，$e_0 = 300$（以搬运力量为各人努力水平的度量）。

（3）w 的意义

w 为并联合作时由合作行为特点所决定的个体努力水平 e_i 的放大系数。一般情况下，$w > 1$，表示合作群体对个体行为具有放大作用。例如，当五个人合作抬 300 千克的重物时，如果前四个人的合力是 240 千克，则第五个人只要再出 60 千克的力量，就可以把 300 千克的重物搬走。这时，w 对 e_i 的放大倍数为 $w = \dfrac{300}{60}$。

如果 $w = 1$，则表示合作群体对个体行为效益既没有放大作用也没有缩小作用，群体效益只是各个个体效益的简单相加。这时，合作群体中各个个体效益没有超可加性。

如果 $w < 1$，则表示合作群体对个体行为效益不但没有放大作用反而有缩小作用，即个体行为效益之间不仅不存在"超可加性"，反而存在"次可加性"。这时，个体在合作群体中发挥的行为效益反而不如"单干"时更高。在现实中，的确存在这样的"合作群体"，如"内耗"严重的群体。

2. 并联合作的行为成本函数

在并联合作情况下，个体 i 的行为成本函数仍然为

$$c_i = e_i$$

式中，c_i 个体 i 的合作行为成本，e_i 为个体 i 的合作努力水平。

3. 平均分配的并联合作的行为效用函数

在平均分配的情况下，个体 i 的行为效用函数为

$$u_i = r_i - e_i = \begin{cases} \dfrac{R_0}{n} - \dfrac{R_0}{n(1 + we_i)} - e_i, & \sum e_j \geq e_0 \\ -e_i, & \sum e_j < e_0 \end{cases}$$

即

$$u_i = \begin{cases} \dfrac{R_0}{n} - \dfrac{R_0}{n(1+we_i)} - e_i, & \sum e_j \geqslant e_0 \\ -e_i, & \sum e_j < e_0 \end{cases} \quad\quad (9\text{-}19)$$

9.6.3　平均分配群体收益的并联合作制度下个体努力水平均衡点及影响因素

由行为效用函数对个体努力水平 e_i 求偏导，有

$$\frac{\partial u_i}{\partial e_i} = \begin{cases} \dfrac{R_0 w}{n(1+we_i)^2} - 1, & \sum e_j \geqslant e_0 \\ -1, & \sum e_j < e_0 \end{cases}$$

令 $\dfrac{\partial u_i}{\partial e_i} = 0$，解得个体 i 的努力水平均衡点为

$$e_i^* = \sqrt{\frac{R_0}{nw}} - \frac{1}{w} \quad\quad (9\text{-}20)$$

$$当 \sum e_j \geqslant e_0$$

由式（9-20）可见，平均分配收益的并联合作制度下的个体努力水平均衡点与平均分配收益的串联合作制度下个体努力水平均衡点［式（9-17）］完全一样。

因此，影响并联合作制度下个体努力水平均衡点的因素与串联合作的情况下相同。即合作参与者数量越多则其均衡点越低，并联合作的群体收益上限 R_0 越高则其均衡点越高。

9.7　成本公摊制度——有负外部性的生产

9.7.1　成本公摊制度的概念及孙氏图

1. 成本公摊制度的概念

成本公摊制度也是一种多个个体联合完成任务的分担制度，其特点是成本在个体之间不可分割，只能由各个成员"公摊"，但每个个体的行为回报却完全是由其独自享受的。因此，"回报独立、成本公摊"是成本公摊制度的基本特征。

如果行为的性质为生产产品，则这种行为是一种有负外部性的生产行为。

造成成本公摊的原因有两类：

　　第一类是制度性公摊，这是由管理制度造成的成本公摊。例如，出租车公司有一个公用加油库，每辆出租车不计加油数量，但整个公司的汽油消耗却有计量，因此，一方面全公司消耗的汽油只能平均分摊给每个司机；另一方面，司机的营业收入却相互独立，多干多得。再如，一个建筑公司，铁锹和风镐等工具设备由工人随便用，设备成本平均分摊给每个工人，但各个工人的产出却有单独的考核，因此，各个工人的产出相互独立，多干多得。

　　第二类是负外部性公摊，这是由行为性质造成的成本公摊。例如，生产过程对环境有污染，产品收益归企业，但对环境的污染却由当地所有的单位与个人来承受；运输公司的营业收入归本公司，但对道路占用导致的拥挤却要所有出行者来承受，等等。这种负外部性公摊，主要是由于一些劳动成本特别是资源消耗无法按个体分割而产生的。例如，在海洋中捕鱼，鱼群可以在各海区之间流动，因此，众多渔民对资源的消耗是无法按个体分割的，但每位渔民的回报——捕到的鱼却是独享的。

　　2. 成本公摊制度的孙氏图

　　成本公摊制度的孙氏图如图 9-6 所示。

　　图中，由 e_1 出发的线和由 e_2 出发的线共同指向成本 c 的正端，表示个体 1 努力水平 e_1 的提高，会使 c 增大。而个体 2 努力水平 e_2 的提高，也会使 c 增大。而且成本 c 是由个体 1 与个体 2 共同分摊的。这就是说，即使个体 i 完全没有生产行为，只要其他个体存在生产行为，则其也仍然必须承受一定的成本支出。

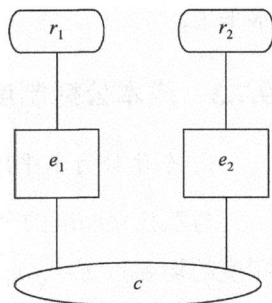

图 9-6　成本公摊制度的
孙氏图（双个体）

9.7.2　均衡模型与个体努力水平的均衡点

　　1. 行为回报

　　在成本公摊制度中，各个行为者具有相互独立的回报，因此，与双独立制度相同，个体 i 的产出 r_i 与其努力水平 e_i 的关系函数为

$$r_i = r_0 - \frac{r_0}{1+e_i}$$

　　2. 行为成本

　　行为成本为各个个体消耗的成本之和按个体数量的算术平均值。这样，设个体 i 的行为成本与群体努力水平的关系为

$$c_i = \frac{1}{n}\sum_{j=1}^{n} e_j \qquad (9\text{-}21)$$

式中，$e_j \geqslant 0, j = \{1, 2, \cdots, n\}$。

3. 行为效用函数

成本公摊制度下的个体 i 的行为效用函数为

$$u_i = r_i - c_i = r_0 - \frac{r_0}{1+e_i} - \frac{1}{n}\sum_{j=1}^{n} e_j \qquad (9\text{-}22)$$

4. 个体努力水平的均衡点

由行为效用函数对个体努力水平 e_i 求偏导，并令其为 0，有

$$\frac{\partial u_i}{\partial e_i} = \frac{r_0}{(1+e_i)^2} - \frac{1}{n} = 0$$

解得个体 i 的努力水平 e_i 的均衡点为

$$e_i^* = \sqrt{nr_0} - 1 \qquad (9\text{-}23)$$

即如果个体 i 为完全理性人，则其努力水平 e_i 将会均衡在式（9-23）所决定的水平上。

9.7.3 成本公摊制度的特点——个体努力水平过高

1. 个体努力水平比双独立制度下的个体努力水平偏高

与双独立制度的个体努力水平均衡点 $e_i^* = \sqrt{r_0} - 1$ 相比，可以发现，成本公摊制度的均衡点 $e_i^* = \sqrt{nr_0} - 1$ 表示的努力水平偏高，因为 $n \geqslant 1$。双独立制度下群体收益与个体效用都是最优的，这意味着个体努力水平偏离了其均衡点，因此，成本公摊制度下群体收益与个体效用都是偏低的。

这里，必须明确一下"努力水平偏高"的含义。在生产等活动中，"提高努力水平"意味着生产规模的扩大，也意味对资源的消耗速度变快。而"成本公摊"意味着生产资源是公有制的。例如，在一些制度下，海洋中的鱼是公有的，森林中的树是公有的，牧民的草地是公有的，等等。而成本公摊制度下的"回报是独立的"，意味着生产的产品是个体独自享受的。例如，捕到的鱼归个人，在森林中砍伐的木材归个人，牧民放牧养羊生产的羊毛归个人，等等。

这样，在成本公摊制度下，个体努力水平偏高，意味着对资源的过度消耗，从而使生产效率降低。例如，过频地出海捕捞使海洋中鱼的数量大为减少，从而使每次出海的收获降低；过多地砍伐使森林中的树木大为减少，从而导致砍伐生

产的效率很低；牧民由于草地公有而过度放牧，从而导致草地枯竭使放牧的效益下降，等等。显然，努力水平偏高降低了生产效率，从而使群体收益降低，实际上也使每个个体的收益降低。

在个体为生产型企业的情况下，上述结论说明当生产活动有负外部性时，企业自发稳定的生产规模偏大，导致资源过度消耗从而使企业的生产效率和收益降低，进而使全社会的收益降低。

2. 群体中人数越多，个体努力水平偏高越多

观察成本公摊制度下的个体努力水平均衡点公式 $e_i^*=\sqrt{nr_0}-1$，可以看出，群体中人数越多，个体努力水平均衡点越偏高。特别地，群体中的个体数量减少到极限时，即当 $n=1$ 时，回报共享制度下的均衡点与双独立制度下的均衡点具有相同的努力水平。当 $n\rightarrow\infty$ 时，回报共享制度下的个体努力水平均衡点 $e_i^*\rightarrow\infty$，可以理解为人们会把生产资源都消耗殆尽，个体行为回报为 0。

3. 成本公摊制度的适用范围

从保护资源的角度来看，成本公摊制度显然不如双独立制度优越。但是在管理实践中，常常出现生产成本无法按个体分割的情况，这时就只能采用成本公摊制度。例如，对野生中草药的采摘，就成为事实上的成本公摊制度。在这种情况下，如果对成本公摊制度不能加以改进（9.8 节将分析如何改进成本公摊制度），就会导致野生中草药越来越少，采摘效益也就越来越差。中国的名贵中药"冬虫夏草"的枯竭情况就是一个有力的证明。

9.7.4　成本公摊制度下的降低个体努力水平的措施

尽管有时不得不使用成本公摊制度，但还是能够采取一些措施来降低个体努力水平，使其向群体最优的努力水平均衡点靠近。这就应当尽可能减小群体的规模。这是因为，根据成本公摊制度下的个体努力水平均衡点公式（9-23），群体中个体数量越多则个体努力水平越偏高。因此，在可能的情况下，制度设计者应当尽可能地使群体变得小一些，这样可以使个体努力水平的均衡点向群体效益最优均衡点的方向接近一些。

9.8　成本公摊制度的改进——具有税收的成本公摊制度

成本公摊制度的产生，主要是在管理实践中存在行为成本无法按个体分割的

情况。但成本公摊制度下也有可观测的因素——个体的行为回报（在行为类型为"生产"的情况下即为个体的产出）是相互独立的，因此，个体的行为回报可能会有较好的可观测性。这时，可以对成本公摊制度进行改进，即在成本公摊制度中附加上对个体行为回报的税收，以此来降低个体努力水平从而降低对资源的消耗，使其均衡点向群体收益最优均衡点的方向靠近。

9.8.1　具有税收的成本公摊制度的概念及孙氏图

1. 具有税收的成本公摊制度的特点

具有税收的成本公摊制度是为了降低个体努力水平从而降低对资源的消耗，使其均衡点向群体收益最优均衡点的方向靠近的改进型的成本公摊制度。

该制度除了具有"成本公摊、回报独立"的特征外，还针对个体的行为回报对该个体征收一定的"税"，该"税"一般以个体的行为回报为基数按比例"征收"。个体的行为回报是独立的，因此，每个个体的行为回报只与其努力水平正相关，这样对每个个体征收的"税"就直接与其努力水平正相关。由此，"税"实际上成为个体提高其努力水平的一种"负回报"或者"惩罚"。因此，税收能够对个体起到降低其努力水平的作用。可以想象，具有税收的成本公摊制度下的努力水平一定比单纯的成本公摊制度下的努力水平低。

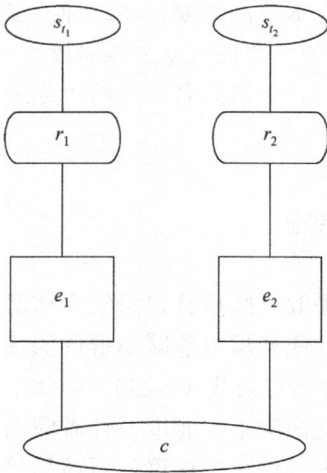

2. 具有税收的成本公摊制度孙氏图

具有税收的成本公摊制度的孙氏图如图 9-7 所示。其中，s_{t_i} 为针对个体 i 的税收。

9.8.2　均衡模型与个体努力水平的均衡点

1. 针对个体产出的税收

税收可以采用个体产出的各种函数形式，为了简单，本书假设税收为个体产出的线性函数，即：

$$s_{t_i} = h r_i' \qquad (9\text{-}24)$$

式中，$r_i' \geqslant 0$，为个体 i 的产出，$i = \{1, 2, \cdots, n\}$；h 为税率，$1 > h > 0$。

图 9-7　具有税收的成本公摊制度的孙氏图（双个体）

而个体 i 的产出函数则为

$$r_i' = r_0 - \frac{r_0}{1 + e_i}$$

2. 个体的行为回报

在具有税收的成本公摊制度中，个体 i 所享受的行为回报为个体产出减去税收额。因此，个体 i 所享受的行为回报 r_i 与努力水平 e_i 的关系函数为

$$r_i = r_i' - hr_i' = (1-h)r_i' = (1-h)\left(r_0 - \frac{r_0}{1+e_i}\right) \qquad (9\text{-}25)$$

式中，$r_0 \geqslant 0$，$e_i \geqslant 0, i = \{1, 2, \cdots, n\}$，其中 r_0 为产出的极限最大值。

3. 个体的行为成本

具有税收的成本公摊制度在本质上仍然为成本公摊制度，因此，个体 i 的行为成本函数仍然为

$$c_i = \frac{1}{n}\sum_{j=1}^{n} e_j$$

式中，$e_j \geqslant 0, j = \{1, 2, \cdots, n\}$。

4. 个体的行为效用函数

具有税收的成本公摊制度下的个体 i 的行为效用函数为

$$u_i = r_i - c_i = (1-h)\left(r_0 - \frac{r_0}{1+e_i}\right) - \frac{1}{n}\sum_{j=1}^{n} e_j \qquad (9\text{-}26)$$

5. 个体努力水平的均衡点

由行为效用函数对个体努力水平 e_i 求偏导，并令其为 0，有

$$\frac{\partial u_i}{\partial e_i} = \frac{r_0(1-h)}{(1+e_i)^2} - \frac{1}{n} = 0$$

解得个体 i 的努力水平 e_i 的均衡点为

$$e_i^* = \sqrt{nr_0(1-h)} - 1 \qquad (9\text{-}27)$$

即如果个体为完全理性人，则其努力水平将会均衡在式（9-27）所决定的水平上。

比较式（9-27）与式（9-23），$1 > h > 0$，因此，$1 > 1-h > 0$，于是：

$$\sqrt{nr_0} - 1 > \sqrt{nr_0(1-h)} - 1$$

即在个体努力水平达到均衡点时，具有税收的成本公摊制度下的个体努力水平要低于单纯的成本公摊制度下的个体努力水平。

实际上，制度设计者可以调节税率 h，使得 $1 - h = \frac{1}{n}$，这时，具有税收的成本公摊制度下的个体努力水平均衡点为

$$e_i^* = \sqrt{nr_0(1-h)} - 1 = \sqrt{nr_0 \times \frac{1}{n}} - 1 = \sqrt{r_0} - 1$$

即具有税收的成本公摊制度的个体努力水平均衡点与使群体收益最大的个体努力水平均衡点［即式（9-6）］完全一样了。

此外，由使具有税收的成本公摊制度下的个体努力水平均衡点与群体收益最大的均衡点相一致的条件 $1 - h = \frac{1}{n}$ 可以看出，如果要使两者一致，群体中的成员数量越多，即 n 越大，税率 h 也必须越大。特别地，当 $n \to \infty$ 时，税率 $h \to 1$，即几乎所有的个体产出都得上税才行。

9.8.3　重要结论——税收的意义

由上述分析可以看出，税收的意义不仅限于传统的经济学教材中所讲述的国民收入再分配，也起着调节生产速度从而保护一些弱再生性资源（如海洋中的鱼、山中的动物和植物等）不至于枯竭的作用。天然环境对污染等具有一定的自净能力，但如果污染速度过快，环境的自净能力就会丧失，因此，环境其实也是一种弱再生性资源，即税收甚至还起着保护环境的重要作用。

由此可见，一些高税收国家的良好生态环境的事实之谜，可以用本章的制度原理来充分地解释。

9.9　复合任务分担制度

9.9.1　现实的复杂性

前面所述的三类任务分担制度，从管理实践的角度来看，都是对实际情况的绝对化。真实的管理情境往往介于这些绝对化的情况之间。

1. 行为回报的独立与共享并存

例如，从行为回报的角度看，制度下的个体行为回报中，常常既包括独立的行为回报，也包括共享的行为回报。

例如，某单位实行业绩折算成"分"的制度，即把每个员工的全年业绩折算成一定数量的"分"。这样，不同员工可能由于个人业绩的不同，年终时折算到的"分"的数量不同。而每个单位"分"的价值，则与单位整体业绩相关。当单位效益好的时候，每个"分"的含金量就高（如 2 万元一个"分"）；当单位效益不好的时候，每个"分"的含金量就低（如 1 万元一个"分"）。这样，如果某位员工年度考核为 5 个 "分"，则单位效益好时奖励金额为 10 万元；如果单位效益不好，则该员工的 5 个 "分" 只能得到 5 万元奖励。可见，在这样的制度下，员工所得到的行为回报中既有独立的成分（例如，不同的员工因业绩的差异，有的得到 7 个 "分"，有的得到 4 个 "分"），也有共享的成分（即每个 "分" 的价值与单位的整体效益有关）。

2. 成本的独立与公摊同在

行为成本也是如此。在个体的行为成本中，常常既包括独立的行为成本，也包括公摊的行为成本。例如，劳动中付出的体力与精力是独立行为成本，只与个人有关；而劳动中占用的机器和工具、场地和道路及对环境的污染（噪音污染、空气污染、水污染和土地污染等）等会排挤其他人的生产机会并给其带来不便，属于公摊行为成本。

因此，从实际情况来看，现实中的任务分担制度往往是复杂的，常常不是一种单纯的任务分担制度。

9.9.2 复合行为回报函数与复合行为成本函数

1. 复合行为回报函数

复合行为回报函数分为两个部分：一是独立行为回报部分，二是共享行为回报部分。

1）个体 i 的复合行为回报中包括的独立行为回报 r_i'' 的函数形式与群体收益最优情况下的个体行为回报相同：

$$r_i'' = r_0 - \frac{r_0}{1+e_i}$$

2）个体 i 的复合行为回报中包括的共享行为回报 r_i''' 的函数形式与回报共享制度中的行为回报相同：

$$r_i''' = \frac{1}{n}\sum_{j=1}^{n}\left(r_0 - \frac{r_0}{1+e_j}\right)$$

3）个体 i 的复合行为回报函数。设 $0 \leqslant \alpha \leqslant 1$，为复合任务分担制度的个体行为回报中独立行为回报的比例系数，则个体 i 的复合行为回报 r_i 的函数形式为

$$r_i = \alpha r_i'' + (1-\alpha)r_i''' = \alpha\left(r_0 - \frac{r_0}{1+e_i}\right) + \frac{(1-\alpha)}{n}\sum_{j=1}^{n}\left(r_0 - \frac{r_0}{1+e_j}\right) \tag{9-28}$$

由式（9-28）可见，$\alpha = 1$ 时，复合行为回报函数变成完全的独立行为回报，即与式（9-1）完全相同：

$$r_i = r_0 - \frac{r_0}{1 + e_i}$$

当 $\alpha = 0$ 时，复合行为回报函数变成完全的共享行为回报，即与式（9-8）完全相同：

$$r_i = \frac{1}{n} \sum_{j=1}^{n} \left(r_0 - \frac{r_0}{1 + e_j} \right)$$

2. 复合行为成本函数

个体 i 的复合行为成本函数分为两个部分：一是独立行为成本部分，二是公摊行为成本部分。

1）个体 i 的行为成本中的独立行为成本的函数形式与群体收益最优情况下的个体行为成本相同：

$$c_i{}' = e_i$$

2）个体 i 的行为成本中的公摊成本的函数形式与成本公摊制度中的行为成本函数相同：

$$c_i{}'' = \frac{1}{n} \sum_{j=1}^{n} e_j$$

3）个体 i 的复合行为成本函数。设 $0 \leqslant \beta \leqslant 1$，为复合任务分担制度的个体行为成本中独立行为成本的比例系数，则个体 i 的复合行为成本 c_i 的函数形式为

$$c_i = \beta c_i{}' + (1 - \beta) c_i{}'' = \beta e_i + \frac{1 - \beta}{n} \sum_{j=1}^{n} e_j \tag{9-29}$$

由式（9-29）中可见，$\beta = 1$ 时，复合行为成本函数变成完全的独立行为成本，即与式（9-3）完全相同：

$$c_i = e_i$$

当 $\beta = 0$ 时，复合行为成本函数变成完全的公摊行为成本，即与式（9-21）完全相同：

$$c_i{}'' = \frac{1}{n} \sum_{j=1}^{n} e_j$$

9.9.3　复合任务分担制度下的个体行为效用函数与努力水平均衡点

复合任务分担制度下的个体行为效用 u_i 的函数形式为

$$u_i = r_i - c_i$$

$$= \alpha\left(r_0 - \frac{r_0}{1+e_i}\right) + \frac{(1-\alpha)}{n}\sum_{j=1}^{n}\left(r_0 - \frac{r_0}{1+e_j}\right) - \beta e_i - \frac{1-\beta}{n}\sum_{j=1}^{n}e_j \qquad （9-30）$$

由个体行为效用函数对个体努力水平 e_i 求偏导，并令其为 0，有

$$\frac{\partial u_i}{\partial e_i} = \frac{\alpha r_0}{(1+e_i)^2} + \frac{(1-\alpha)r_0}{n(1+e_i)^2} - \beta - \frac{1-\beta}{n} = 0$$

解得个体 i 的努力水平 e_i 的均衡点为

$$e_i^* = \sqrt{\frac{[(n-1)\alpha+1]r_0}{(n-1)\beta+1}} - 1 \qquad （9-31）$$

9.9.4　复合任务分担制度与三种基本的任务分担制度之间的转化关系

当独立行为回报比例系数 α 与独立行为成本比例系数 β 取极端值时，复合任务分担制度就会转化成某一种基本的任务分担制度。

1. 两者皆取 1 时，为双独立制度

在式（9-31）中，令

$$\begin{cases} \alpha = 1 \\ \beta = 1 \end{cases}$$

则式（9-31）变为

$$e_i^* = \sqrt{\frac{[(n-1)\alpha+1]r_0}{(n-1)\beta+1}} - 1 = \sqrt{\frac{[(n-1)+1]r_0}{(n-1)+1}} - 1 = \sqrt{r_0} - 1$$

即与双独立制度中的个体努力水平最优均衡点 ［式（9-6）］相同。

2. α 取 0、β 取 1 时，为回报共享制度

在式（9-31）中，令

$$\left.\begin{matrix} \alpha = 0 \\ \beta = 1 \end{matrix}\right\}$$

则式（9-31）变为

$$e_i^* = \sqrt{\frac{[(n-1)\alpha+1]r_0}{(n-1)\beta+1}} - 1 = \sqrt{\frac{[0+1]r_0}{(n-1)+1}} - 1 = \sqrt{\frac{r_0}{n}} - 1$$

即与回报共享制度中的个体努力水平最优均衡点 ［式（9-10）］相同。

3. α 取 1、β 取 0 时，为成本公摊制度

在式（9-31）中，令

$$\left.\begin{array}{l}\alpha =1\\\beta =0\end{array}\right\}$$

则式（9-31）变为

$$e_i^*=\sqrt{\frac{[(n-1)\alpha +1]r_0}{(n-1)\beta +1}}-1=\sqrt{\frac{[(n-1)+1]r_0}{0+1}}-1=\sqrt{nr_0}-1$$

即与成本公摊制度中的个体努力水平最优均衡点［式（9-23）］相同。

本章总结与重要结论

由本章的讨论可以看出，存在三种基本的任务分担制度，即双独立制度（无外部性的生产行为的管理制度）、回报共享制度（有正外部性的生产行为的管理制度）和成本分摊制度（有负外部性的生产行为的管理制度）。其中，双独立制度下个体努力均衡点最优（当个体为企业时，其自发稳定的生产规模最适当）；回报共享制度下个体努力水平不足（当个体为企业时，其自发稳定的生产规模偏小）；成本分摊制度下个体努力水平偏高（当个体为企业时，其自发稳定的生产规模偏大）。

通过本章的分析，对制度设计有重要实用意义的结论有如下六点：

1）当行为成本与行为回报都能够在个体之间可分割时，在生产领域就是当生产行为没有任何外部性时，应当优先考虑双独立制度（也就是自由市场下的自负盈亏制度），因为这种制度下个体努力水平的自发均衡点最优（当个体为企业时，其自发稳定的生产规模最适当），从而不需要管理成本。

2）当行为回报不能在个体之间清楚地分割时，在生产领域就是当生产行为具有正外部性时，会导致企业生产规模的自发均衡点偏小，达不到最优生产规模。本章认为补贴制度可以使具有正外部性的生产规模自发地扩大。因此，如果要让企业自发地扩大生产规模，就需要实施对企业进行成本补贴的政策。具有正外部性的生产包括建设水库、道路和桥梁等基础设施的生产活动等。

3）当行为成本在个体之间不可分割时，在生产领域就是当生产行为具有负外部性时，会导致企业生产规模的自发均衡点偏大，从而造成资源枯竭。对这个问题，本章认为税收制度可以使具有负外部性的生产规模自发地缩小，从而减轻对资源的消耗。因此，如果要让企业自发地缩小生产规模以保护环境与资源，就必须辅以高税收政策。具有负外部性的生产包括大量消耗水、矿、鱼、林等的生产活动，或者一些污染大气和水、土地等的生产活动等。这里一个新的认识是税收

的重要作用不在于国民收入再分配而在于减轻人们对资源的过度消耗,从而揭开了"为什么一些高税收国家的自然资源与环境保护得更好"这个谜底。

4)从政府管理的角度来看,当生产行为具有正外部性或者负外部性时,要么放弃由各企业独立决策的自由市场制度而采用统一决策的集权管理制度,要么采用自由市场加政策调节的管理制度。

这个结论的重要性在于从理论上证明了改善公共产品供给和保护我们赖以生存的地球的根本治理途径在于制度。

从各国目前的实际情况来看,对具有外部性的生产行为既有采用统一决策的集权管理制度的,也有采用自由市场加政策调节管理制度的。但在社会系统日益庞大和复杂的情况下,集权管理由于信息传递环节多,失真巨大,指令执行层次多而走样严重,弊端较多。而在自由市场加政策调节的管理制度下,企业自主决策的信息链条较短,反应灵活,如果政府的调节政策落实有力,企业生产规模自发调节就会迅速与社会利益最优点达到一致,因此相对较为成功。

5)有一些企业的生产行为在不同情况下能够展现不同的外部性。例如,出版和新闻等文化产业的企业,如果其产品是有利社会发展的(如出版励志的图书或科技含量比较高的图书),则生产行为表现为正的外部性。如果其产品是有害于社会发展的(如出版一些迷信的、色情的图书),则生产行为表现为负的外部性。按照本章的分析,如果让这类企业在一种完全自由的市场中自主决策,则其正外部性的生产行为会努力水平不足,即生产规模偏小,但其负外部性的生产行为却会自发地努力水平过高,即生产规模偏大。因此,对这类企业,要么采用统一决策的集权管理制度,要么对其具有正外部性的生产行为实施政府补贴政策促使其提高生产规模,对其具有负外部性的生产行为采用高税收政策压低其盈利空间。

6)对科研等在本质上就具有正外部性的行为,由于科研成果很容易被仿制(这时就产生了外部性,即科研行为被其他人受益),其自发的努力水平均衡点也比较低。因此,当前各国都采用了科研成果的发明人独占权的保护制度,即专利制度。这种制度可以使科研行为在一定时期内不显示明显的外部性(在这个时期内仿制科研成果的行为是违法的),从而使科研行为的自发努力水平均衡点达到最优。问题在于,如果对专利制度的执行不力,仿制活动不能被有效地遏制,人们就会失去科研创新的积极性。

习　题

1. 画出成本公摊制度的孙氏图。
2. 写出成本公摊制度的自发努力水平均衡点公式。
3. 画出具有税收的成本公摊制度的孙氏图。

4. 写出具有税收的成本公摊制度下的自发努力水平均衡点公式。

5. 当行为成本与行为回报都能够在个体之间可分割时，在生产领域就是当生产行为没有任何外部性时，应当优先考虑什么制度？

6. 当行为回报不能在个体之间清楚地分割时，在生产领域就是生产行为具有正外部性时，会导致企业生产规模的自发均衡点偏大还是偏小？

7. 补贴制度可以使具有正外部性的生产规模自发地扩大还是缩小？

8. 当行为成本在个体之间不可分割时，在生产领域也就是当生产行为具有负外部性时，会导致企业生产规模的自发均衡点偏大还是偏小？

9. 税收制度可以使具有负外部性的生产规模自发地扩大还是缩小？

10. 专利制度的作用是减少外部性还是增加外部性？

第 10 章　福利分配制度——竞争制度

福利分配的基本制度只有竞争制度一种，本章分别考虑对称竞争的特殊性、同步竞争的无谓成本和针对不良竞争的管制行为，从制度工程的角度给出群体效用最优时个体努力水平的最优均衡点。

本章教学目标

●掌握竞争制度下的个体行为的回报函数、成本函数、效用函数和个体努力水平均衡点；

●了解对称竞争时的个体数量对均衡点的影响及重要意义；

●了解同步竞争时的均衡点及无谓成本；

●掌握不良竞争的管制制度的设计原理。

福利分配制度是一种把"福利"分配给各个个体的制度。在社会生活中，许多"福利"常常是有限的，无法满足全部需求。因此，需要把这些福利按一定的标准或原则"分配"给个体，以便使其发挥最大的社会效益。例如，接受高等教育的机会、工作机会、晋升机会和企业产品的市场份额等，从管理制度的角度看，都是通过福利分配制度分配给个体的。

福利分配的基本制度只有一种，即竞争制度。

10.1　竞　争　制　度

10.1.1　竞争制度概述

1. 竞争制度的概念

竞争是个体为了消除其他个体对自己的不利影响而采取的有针对性的谋求发展的行为。需要注意的是，竞争与对抗是有区别的，对抗是与对方在行为目标上取向相反。例如，对方赞成我就反对，就是对抗。而竞争的根本特点是以在竞争测度上"超过对方"为目的的行为。

竞争制度是一种基本的福利分配制度，其特点是在由被管理者组成的群体中，各个个体的行为回报随着自己的努力水平提高而递增，随着其他个体的努力水平提高而递减。

竞争制度主要用于分配各种有限的福利，以便使其发挥最大的社会作用。

在竞争制度中，通常把待分配的福利设置为竞争标的物，让竞争参与者通过提高自己的竞争努力水平来争取竞争标的物，从而实现福利分配的目的。

2. 竞争制度的两个功能——福利分配与行为促进

（1）竞争制度的首要功能是福利分配

关于竞争制度具有福利分配功能的观点，如果考虑的是一些基于市场竞争的福利分配（如产品的市场份额通过企业的竞争行为得到分配等），读者比较容易理解。但对一些由"代理人"来分配福利的制度（如由政府来分配用于照顾弱势群体的"救助补贴"等），许多人可能感觉不到是竞争制度。其实，如果"代理人"是廉洁奉公的，其分配必定是根据待接受福利者的某种指标进行的，而不会任意地"胡乱分配"福利。这种指标的高低，在根本意义上反映的还是待接受福利者之间的"竞争"。当然，"代理人"也可能通过受贿等方式在福利分配过程中为自己捞取好处，但这在实质上已经不再是福利分配的问题，而是行为管理制度中的惩罚制度应该解决的问题。

（2）竞争制度的间接功能是行为促进

在竞争制度中，竞争参与者要通过提高竞争努力水平才能够获得较多的竞争标的物，因此，竞争制度还有促进提倡行为的作用。一些管理者常常通过设计竞争制度来促进被管理者的提倡行为。例如，一些单位在分配中采用奖金制度，员工只有努力工作才能较多地获取奖金，这样就可以大面积地促进员工努力工作。

用竞争制度来促进提倡行为，具有管理成本低的特点。

这是因为，在竞争制度中，竞争标的物必须保持一定的稀缺性才能引起竞争行为。通常情况下，促进被管理者的提倡行为是需要付出管理成本的。但如果把这种管理成本（如管理者支付的奖金）设置成竞争标的物，由于必须保持其稀缺性，竞争标的物的数量不能过多。例如，在奖励制度下，真正得到奖励的人通常是很少的，但却能够使所有员工为争取这些奖励而努力工作。

3. 竞争测度决定竞争制度的效果

（1）竞争测度是竞争中用来比较各个个体竞争力的指标

各个个体在竞争中所比较的方面就是竞争测度。例如，在两个人相互竞争中，如果两个人较量的是谁的力气更大，则其竞争测度就是"力量"。但如果两个人所较量的是谁更聪明，则其竞争测度就是"智慧"。

（2）竞争测度决定了竞争行为的性质与类型

在竞争制度中所采取的竞争测度决定了竞争行为的性质与类型。在一些竞争制度中，如果竞争测度引起的竞争行为是不良行为，则这种竞争往往是有害的。例如，在某产品刚刚上市的时候，各个生产商对其包装通常是比较简单的。这时，各个生产商生产该产品的成本是比较低的。但是，往往有某个生产商想通过提高包装水平来扩大销量，从而加大了对该产品的包装投入（中国在 20 世纪 80 年代曾出现过某些厂商用毛毯包装药品的事情，实际上是通过"送包装材料"方式变相对医院的药品采购人员进行贿赂），结果挤占了其他企业的市场份额，从而引起这些企业也用"提高包装水平"的行为进行"反击"，如此不断升级。这种竞争的最后结果是又回到了最初的市场份额划分，但产品却由当初的"简单包装"演变成了"豪华包装"，无谓地增加了企业的成本。显然，"包装水平"这种竞争测度引发的竞争行为是一种不良行为。

反之，一些单位实行"只有工作最努力的员工才能获取奖励"的竞争制度，显然采用的竞争测度是"工作努力水平"，这种测度引发的是员工在"提高工作努力水平"方面的竞争。这种竞争引发的是在提倡行为方面开展的竞争，是一种有益的竞争。

（3）好的竞争测度的条件

竞争测度一般是参与竞争者某个方面的特征，但并不是参与竞争者的任何特征都适于用作竞争测度的。能够被选作竞争测度的特征必须同时满足如下条件。

第一，竞争测度必须是参与竞争者通过努力可以改变的特征。只有这种测度才能引发竞争参与者的行为变化，也是使竞争引发提倡行为的一个前提。在管理实践中，一些竞争能够引发人们的提倡行为，就是因为这些竞争测度是竞争参与者通过努力能够改变的。例如，一些竞争与工作业绩有关，而工作业绩是可以通过努力工作来提高的，所以才能引发人们努力工作。反之，如果竞争测度不能够通过努力来改变，则这样的竞争就无法引发人们的提倡行为。例如，人的年龄、性别、种族和家庭出身等如果成为竞争测度，不但不会引发人们的提倡行为，反而会导致不符合这些条件的人失去努力的动力。

第二，竞争测度必须有良好的可观察性。竞争中各个竞争参与者要比较谁高谁低，所以竞争测度必须有良好的可观察性，即竞争测度必须是明显的和外露的。如果竞争测度没有良好的可观察性，则其"竞争结果"往往会引起非议。

第三，选用的竞争测度必须是强化提倡行为的。对被管理者来说，凡是能够提高竞争测度的行为，都会得到加强。对管理者来说，被管理者的行为分为提倡行为和不良行为。从这个角度来说，如果某种竞争测度所引发的竞争行为是提倡行为，这种竞争测度就是好的；如果所引发的竞争行为是不良行为，则这种竞争测度就是不好的。

10.1.2　竞争制度的孙氏图

竞争制度的孙氏图如图 10-1 所示。

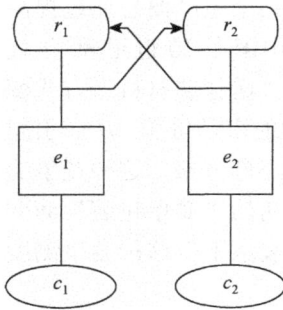

图 10-1　竞争制度的
孙氏图（双个体）

该图为双个体竞争的特例。其中，由 e_1 出发的线指向促进器（回报）r_1 的正端，表示个体 1 努力水平 e_1 的提高，会使 r_1 增大，而由 e_2 出发的箭头线指向促进器 r_1 的负端，表示个体 2 努力水平 e_2 的提高，会使 r_1 变小，箭头表示只是 e_2 对 r_1 有作用但 r_1 对 e_2 无作用。同样道理，由 e_2 出发的线指向促进器（回报）r_2 的正端，表示个体 2 努力水平 e_2 的提高，会使 r_2 增大，而由 e_1 出发的箭头线指向促进器 r_2 的负端，表示个体 1 努力水平 e_1 的提高，会使 r_2 变小，箭头表示只是 e_1 对 r_2 有作用但 r_2 对 e_1 无作用。由此可以清楚地看出，个体 1 与个体 2 之间的竞争关系。

10.1.3　竞争制度的一些实例

竞争制度是管理实践中的常见制度。下面列举一些管理实践中的实例。

实例一：有限奖励制度

某单位设立"杰出员工奖"，规定每年年终评选出 3 名工作绩效最高的员工，给予每人 10 万元奖金。该计划公布后，大家工作都变得非常努力。但不管大家多么努力，最后只能有 3 名员工得到奖金，每名员工获得奖金的概率是自己努力水平的递增函数，是其他员工努力水平的递减函数。因此，"杰出员工奖"制度是一种竞争制度，工作努力是该制度下的竞争行为。

实例二：项目竞标制度

一些大型工程项目采用竞标方式分配给施工企业，项目主管单位在媒体上发布项目招标信息，提出对投标企业的资质要求。符合资质要求的企业都可以参加竞标。其中，报价最为合理的企业中标，即取得该项目的施工权。这样，对参与竞争的各企业来说，只有一个企业有回报，其他企业则没有任何回报。而每个企业中标的概率是本企业施工能力的递增函数，是其他企业施工能力的递减函数。因此，企业施工能力是一种竞争行为的测度。

实例三：商品拍卖

以英式拍卖为例。卖家请经纪人展示商品，多个意向买家报价，后面报价者的出价必须高于前面报出的价格。这样，在拍卖过程中，商品价格一直上涨，直到无人再出更高价格为止，卖方把商品卖给出价最高的人。这样，对参与拍卖竞价的人来说，只有报价最高者才能得到该商品，其他竞价者则得不到该商品。自己报价越高，越可能得到拍卖商品；其他人报价越高，自己越不可能得到拍卖商品，因此，报价是一种竞争行为。

实例四：小孩争桃

一棵小桃树，仅结 1 个桃；一群小孩，都想吃到桃。结果是最先来的那个小孩吃到桃，随后来的小孩什么也没有得到。对这个问题，吃到桃的可能性是自己到来时间（到来越早，时间指标越高）的递增函数，是其他小孩到来时间的递减函数。因此，到来时间是竞争行为的指标。

实例五：产品包装

市场上存在着大量来自不同企业的同质产品。在这些产品中，哪些产品的包装好一些，该产品的市场占有率就会高一些。因此，企业产品的市场占有率是自己企业产品包装成本的递增函数，是其他企业同样产品包装成本的递减函数。在这样的情况下，产品包装行为变成了竞争市场份额的行为。

实例六：军备竞赛

一般地说，国家的军事实力强一些，其在国际上的势力范围就大一些。因此，一个国家的势力范围是其军备投入的递增函数，是其他国家军备投入的递减函数。因此，军备投入是一种对势力范围的竞争行为。

实例七：站立看电影

20 世纪 70 年代，夏天的夜晚，中国农村常常在空地上放映露天电影。一般情况是大家自带小板凳，放映电影时坐着看。这样既能乘凉又可欣赏电影，是一种不错的享受。但是，如果电影情节特别吸引人，常常有人为了看得更清楚一些，站立起来。这样，站立者身后的人因为被遮挡了视线只好也站立起来。如此演变，最后大家都站立起来。结果是使本来可以坐着看得很清楚的电影，变成了只有站立才能观看的电影了。

这里，看电影的视野是自己站立行为的递增函数，是别人站立行为的递减函数。因此，站立行为是一种竞争行为。

在实例一～实例四中，竞争标的物不可分割，竞争努力水平影响得到竞争标的物的概率，实例五和实例六中，竞争标的物可分割，竞争努力水平影响占有竞争标的物的比例。

10.1.4　竞争制度的数学模型

1. 竞争标的物

在竞争制度中，竞争标的物可分为两类。

一类是不可分割的竞争标的物，如体育比赛的名次和项目的施工权等。

另一类是可分割的竞争标的物，如市场份额和在同一个渔场中的捕捞量等。

可分割的竞争标的物是在竞争参与者之间按比例分配的。竞争努力水平高的个体，取得竞争标的物的比例相对高一些，而竞争努力水平低的个体，取得竞争标的物的比例相对低一些。

对不可分割的竞争标的物，通常是只有在竞争中取胜的那些个体（一般为少数）才能够得到竞争标的物，而在竞争中失败的个体（一般为多数）则得不到该竞争标的物。但是，为了能够对这两种竞争标的物建立统一的制度数学模型，本书假设获得不可分割的竞争标的物的概率取决于竞争参与者的竞争努力水平。竞争努力水平高的个体，取得竞争标的物的概率相对高一些，而竞争努力水平低的个体，取得竞争标的物的概率相对低一些。

这样，通过个体获得竞争标的物的概率，就把不可分割的竞争标的物与可分割的竞争标的物在竞争行为回报函数中统一起来了。

2. 竞争行为回报函数

为了建立竞争制度下的个体竞争行为均衡模型，作如下假设：

存在 n 个竞争参与者（即个体）。竞争标的物仅有 1 个，其价值为 r_0。

这样，竞争行为回报函数为

$$r_i = \frac{e_i}{\sum\limits_{j=1}^{n} e_j} r_0 \tag{10-1}$$

式中，$r_0 > 0$，为竞争标的物的价值；$e_i > 0$，为个体 i 的努力水平；r_i 为个体 i 通过自己的竞争行为获得的收益（即竞争行为的期望回报）；e_j 为第 j 个个体的努力水平。

由式（10-1）可以看出，个体 i 的可能最大收益不会超过 r_0，即个体 i 的收益 $r_i \leqslant r_0$。当 $n = 1$ 时，即不存在竞争时，竞争标的物以概率 1（即 100%）归个体 i 所有，因此，这时 $r_i = r_0$，为最大。

在式（10-1）中，$\dfrac{e_i}{\sum\limits_{j=1}^{n} e_j}$ 为个体 i 得到竞争标的物的概率（当竞争标的物不可分割时）或比例（当竞争标的物可分割时）。

例 10.1　包装竞争

有甲、乙两家企业生产同样质量与规格的同一产品。两家企业都想扩大自己产品的市场占有率。假设在其他因素不变的情况下，产品市场份额取决于产品包装成本。

设用包装成本表示企业的竞争努力水平，甲企业的包装成本为 $e_1 = 60$ 元 / 件，乙企业的包装成本为 $e_2 = 80$ 元 / 件，竞争标的物为该产品的市场总份额，即竞争标的物的价值为 $r_0 = 100\%$。

根据式（10-1），甲企业的产品所占市场份额为

$$r_1 = \frac{e_1}{e_1+e_2}r_0 = \frac{60}{60+80} \times 100\% = 43\%$$

即甲企业的产品占 43% 的市场份额，从而乙企业的产品占 57% 的市场份额。

例 10.2　工程项目招投标

某工程项目征集企业投标。施工企业从事该工程可得利润 1000 万元，即 $r_0 = 1000$ 万元。

设企业中标的概率只与企业施工能力呈正相关，即企业施工能力越强，其中标的概率就越大。但由于发标单位对企业施工能力的了解与认可等，即使是施工能力最高的企业，也不能保证必定中标，只是中标的概率会比施工能力低的企业要高一些。

设有甲企业与乙企业参与竞标。企业的能力以数值表示，其中，甲企业的能力为 5，而乙企业的能力为 4，根据式（10-1），则甲企业参与竞标的期望收益为

$$r_1 = \frac{e_1}{e_1+e_2}r_0 = \frac{5}{5+4} \times 1000 = 0.56 \times 1000 = 560 \text{万元}$$

在本例中，甲企业中标的概率为 56%。

3. 竞争行为成本函数

个体 i 的竞争行为成本 c_i 是竞争努力水平 e_i 的函数，其数学模型为

$$c_i = e_i \tag{10-2}$$

式（10-2）意味着竞争努力水平可以用个体在竞争行为中花费的成本来表示。例如，在企业对其产品市场份额的竞争行为中，投入的广告费用、宣传费用和包装费用等的数量可以看作是竞争努力水平，即这些费用投入得越多，竞争努力水平越高。再如，在观看露天电影时对"观看视角范围"的竞争中，坐着更轻松但观看电影的视角范围比较小，可看作是竞争行为成本低，即竞争努力水平低；站着看电影比较累但观看电影的视角范围比较大，可以看作是竞争行为成本高，即竞争努力水平高。

4. 竞争行为效用函数

当存在 n 个个体参与竞争时，设个体 i 的竞争行为效用 u_i 的函数为

$$u_i = r_i - c_i = \frac{e_i}{\sum\limits_{j=1}^{n} e_j}r_0 - e_i$$

即

$$u_i = \frac{e_i}{\sum_{j=1}^{n} e_j} r_0 - e_i \tag{10-3}$$

对式（10-3），需要注意的是，在计算竞争行为效用时，要把竞争行为回报 r_i 与竞争行为成本 c_i 的单位统一起来，通常是统一到经济价值上来。例如，在例 10.1 中，竞争行为回报的单位是市场份额，而竞争行为成本则是包装的经济成本。如果应用式（10-3）来计算其竞争行为效用，就需要把竞争行为回报的单位由产品的市场份额转换成相应的市场份额下企业可以获得的利润。这样，竞争行为回报与竞争行为成本都是经济收支，就可以计算出相应的竞争行为效用了。

10.1.5 竞争制度下个体竞争努力水平均衡点及其影响因素

1. 个体竞争努力水平的均衡点

由竞争行为效用函数对个体竞争努力水平 e_i 求偏导，并令其为 0，有

$$\frac{\partial r_i}{\partial e_i} = \frac{\sum_{j=1}^{n} e_j - e_i}{\left(\sum_{j=1}^{n} e_j\right)^2} r_0 - 1 = 0，即 r_0 \left(\sum_{j=1}^{n} e_j - e_i\right) = \left(\sum_{j=1}^{n} e_j\right)^2。$$

其中，$\left(\sum_{j=1}^{n} e_j\right)^2 = \left(e_i + \sum_{j \neq i} e_j\right)^2$，$r_0 \left(\sum_{j=1}^{n} e_j - e_i\right) = r_0 \sum_{j \neq i} e_j$。因此，$r_0 \sum_{j \neq i} e_j = \left(e_i + \sum_{j \neq i} e_j\right)^2$。

解得个体 i 的竞争努力水平 e_i 的均衡点为

$$e_i^* = \sqrt{r_0 \sum_{j \neq i} e_j} - \sum_{j \neq i} e_j \tag{10-4}$$

2. 影响个体竞争努力水平均衡点的因素

现在分析影响个体 i 的竞争努力水平均衡点 e_i^* 的因素。

（1）竞争标的物价值越大则个体竞争努力水平均衡点越高

由式（10-4）直接可看出，e_i^* 与 $\sqrt{r_0}$ 呈线性正相关，即竞争标的物的价值 r_0 越大，个体 i 的竞争努力水平均衡点 e_i^* 越高。

（2）在一定条件下其他个体的竞争努力水平越高则个体的竞争努力水平越高

再来看个体 i 之外的其他个体的竞争努力水平之和 $\sum_{j \neq i} e_j$ 对个体 i 的竞争努力水平均衡点 e_i^* 的影响，由式（10-4）对 $\sum_{j \neq i} e_j$ 求导，有

$$\frac{\partial e_i^*}{\partial(\sum\limits_{j\neq i}e_j)}=\sqrt{\frac{r_0}{\sum\limits_{j\neq i}e_j}}-1 \tag{10-5}$$

即当 $r_0>\sum\limits_{j\neq i}e_j$ 时，$\dfrac{\partial e_i^*}{\partial(\sum\limits_{j\neq i}e_j)}>0$，意味着个体 i 的竞争努力水平均衡点 e_i^* 会随着其他个体的竞争努力水平之和 $\sum\limits_{j\neq i}e_j$ 的提高而提高，从而表现出个体之间努力水平的竞争性。考虑到式（10-2），即每个个体的竞争行为成本等于竞争努力水平，因此，$r_0>\sum\limits_{j\neq i}e_j$ 意味着个体 i 之外的其他个体的竞争努力水平没有过度，其竞争行为成本之和小于竞争标的物的价值。这时，个体 i 如果参与竞争，其所获得的部分竞争标的物的价值能够大于其竞争行为成本，因此，其竞争行为能够带来正效用。

当 $r_0\leqslant\sum\limits_{j\neq i}e_j$ 时，$\dfrac{\partial e_i^*}{\partial(\sum\limits_{j\neq i}e_j)}\leqslant 0$，意味着个体 i 的竞争努力水平均衡点 e_i^* 不会随着其他个体的竞争努力水平之和 $\sum\limits_{j\neq i}e_j$ 的提高而提高。考虑到式（10-2），即每个个体的竞争行为成本等于竞争努力水平，因此，$r_0\leqslant\sum\limits_{j\neq i}e_j$ 意味着个体 i 之外的其他个体的竞争努力水平已经过度，其竞争行为成本之和已经大于或等于竞争标的物的价值。这时，个体 i 如果参与竞争，其所获得的部分竞争标的物的价值已经不大于其竞争行为成本了，因此，其竞争行为不会带来正效用。

（3）竞争参与者数量越多则竞争努力水平均衡点越低

竞争参与者数量对竞争努力水平均衡点的影响，是一个十分重要的问题，关系到不良竞争行为的治理，将在 10.2 节中专门分析。

10.2　对称竞争时的个体数量对个体竞争努力水平均衡点的影响及重要意义

10.2.1　对称竞争

现在分析对称竞争的情况。对称竞争，指竞争参与者都是同质的，情况完全一样。在这种情况下，当竞争达到均衡时，各个个体的竞争努力水平都相同。这种对称竞争，即人们常说的势均力敌的竞争。

对称竞争具有重要的研究意义。这是因为在许多情况下，参与竞争的个体基本上都是同质的（如国家与国家竞争，企业与企业竞争，学校与学校竞争，地区与地区竞争，以及员工与员工竞争等）。如果个体之间相差很大，则常常不构成竞争。

10.2.2　两个竞争参与者时竞争最激烈

假设竞争为对称的，这时，竞争努力水平均衡点［即式（10-4）］变为式（10-6）。

$$e_i^* = \sqrt{r_0 \sum_{j \neq i} e_j} - \sum_{j \neq i} e_j = \sqrt{r_0(n-1)e_i^*} - (n-1)e_i^*$$

$$ne_i^* = \sqrt{r_0(n-1)e_i^*}$$

$$n^2(e_i^*)^2 = r_0(n-1)e_i^*$$

$$e_i^* = \frac{(n-1)}{n^2}r_0 \tag{10-6}$$

根据式（10-6），当 $n \to \infty$ 时，$e_i^* \to 0$。可见，竞争参与者数量越多，大家的竞争努力水平均衡点越低。这个结论很好地解释了一些客观现象。例如，对一个只有五六个人的办公室，当要提拔一个人当领导时，则往往竞争得十分激烈；但对一个有五六百人的工人群体，要从中提拔一个人当领导时，则大家的竞争行为反而不强。

式（10-6）的一些具体结果很有趣，也与管理实践中的现象十分相符。

比如，当只有 1 个个体时，即 $n=1$，显然，这时不需要竞争就能得到竞争标的物。按照式（10-6），$e_i^* = \frac{(1-1)}{1^2}r_0 = 0$，即竞争努力水平为 0，也就是不需要竞争行为。

当有 2 个个体时，即 $n=2$，$e_i^* = \frac{(2-1)}{2^2}r_0 = \frac{1}{4}r_0$。

当有 3 个个体时，即 $n=3$，$e_i^* = \frac{(3-1)}{3^2}r_0 = \frac{2}{9}r_0$。

当有 4 个个体时，即 $n=4$，$e_i^* = \frac{(4-1)}{4^2}r_0 = \frac{3}{16}r_0$。

…，当 $n \to \infty$ 时，$e_i^* \to 0$。

不难看出，随着竞争参与者数量的增加，竞争努力水平均衡点的确越来越低，而且其降低速度很快。

式（10-6）的有趣之处在于，当 $n=1$ 时，得 $e_i^* = 0$，而当 $n=2$ 时，得 $e_i^* = \frac{1}{4}r_0$，这是竞争努力水平均衡点最高的情况。而后随着 n 的增加，竞争努力水平均衡点 e_i^*

越来越小。

这就是说，在给定竞争标的物价值 r_0 的情况下（即在标的物不变的情况下比较竞争参与者数量 n 对竞争激烈程度的影响），竞争最不激烈的，是只有 1 个个体的群体，这时，竞争努力水平为 0。而竞争最为激烈的，是只有 2 个个体的小群体。对那些竞争参与者数量大于 2 的群体，则竞争激烈程度介于 $n=1$ 的群体与 $n=2$ 的群体之间，并且随着竞争参与者数量的增加，竞争激烈程度渐渐降低。当 $n \to \infty$ 时，$e_i^* \to 0$，这就好比在条件完全一样的 10 亿人中选择一个人当总理，大家会对此不当一回事儿，没人为此付出努力。

在国际政治的冷战时期，由于世界上只存在美国与苏联两个超级大国，其斗争得十分激烈，并且在 20 世纪 50 年代几乎把世界带到了核战争的边缘。这就是 $n=2$ 导致的激烈竞争。后来随着苏联的解体，国际社会呈现多极格局，国际政治斗争大为缓和。

同样道理，根据式（10-6），在企业经营领域，在经济学理论中的完全竞争市场拥有大量中小企业，实际上远没有仅拥有几个企业的寡头市场竞争激烈。经验也说明，在拥有大量中小企业的完全竞争市场中，竞争引发的都是提高产品质量或降低成本一类的正常行为，而在仅拥有几个企业的寡头市场中，企业之间的竞争非常激烈，以至于常常出现诋毁对方形象和恶意降价以压垮对方等恶性竞争行为。

竞争最激烈的情况为两个竞争参与者时，竞争参与者越多，竞争反而越不激烈。这个结论，与传统经济理论和管理理论中认为"竞争参与者越多竞争越激烈"的观点相反。这个结论是经过严格的数学模型推导出来的，因此，是本书的一个重要的科学发现。

10.2.3 竞争参与者越多竞争收益越低

在对称竞争的条件下，把对称竞争努力水平均衡点 [式（10-6）] 代入竞争行为效用函数 [式（10-3）]，有

$$u_i = \frac{e_i}{\sum_{j=1}^{n} e_j} r_0 - e_i = \frac{\dfrac{(n-1)}{n^2} r_0}{n \dfrac{(n-1)}{n^2} r_0} r_0 - \frac{(n-1)}{n^2} r_0 = \frac{r_0}{n} - \frac{(n-1)}{n^2} r_0 = \frac{nr_0 - (nr_0 - r_0)}{n^2} = \frac{r_0}{n^2}$$

即对称竞争努力水平均衡时各竞争参与者的竞争行为效用为

$$u_i = \frac{r_0}{n^2} \tag{10-7}$$

式（10-7）说明，竞争参与者数量越多，每个竞争参与者从竞争行为中得到的行为效用越低。因此，式（10-7）很好地解释了"为什么那些门槛低从而大量企业能够进入的行业的经营利润都非常低"这个问题。

10.2.4　对称竞争努力水平均衡点对通过竞争激励员工努力工作的实践意义

通过竞争来激励员工努力工作是一种非常节省管理成本的激励制度。因此，在管理实践中，通过竞争来激励员工努力工作十分常见。例如，只对少数最努力的员工提供奖金，但却能够使大家都为争取奖金而努力工作。一些政府机关里，因工作出色而获得提拔的往往是极少数，但由于提拔机会实际上成为竞争标的物，也能激发大家为争取获得提拔而努力工作。

但是，竞争努力水平均衡点 [式（10-6）] 却提出了在采用竞争制度来激励员工时需要注意的问题，这就是群体中的成员不能太多，即 n 不能太大，否则会影响竞争制度的激励效果。设想，如果有 500 个人争一个奖励名额，结果一定是多数人会放弃努力。

解决这个问题的办法是奖金分层。例如，每 5 个人形成一个小组，有一个奖励较小的"鼓励奖"名额，然后在每 5 个获得鼓励奖的员工中有一个"三等奖"名额，在每 5 个获得三等奖的员工中有一个"二等奖"名额，在每 5 个获得二等奖的员工中有一个"一等奖"名额。这样，每个"一等奖"实际上有 125 个个体参与竞争，但由于是奖金分层，每 5 个员工中有一个"小奖"的名额，实际上造成 $n=5$ 的情况，n 并不是很大，这样还是能够有效地激励大家努力工作的。

10.2.5　对称竞争努力水平均衡点对治理不良竞争的意义

在管理实践中，常常存在一些难以治理的不良竞争行为。

例如，企业产品的过度包装问题就是一种不良竞争行为。企业为了争夺市场份额，不惜花费重金对产品进行过度包装，导致产品价格虚高和浪费大量包装材料，还因此产生了大量垃圾，加重了环境污染。长期以来，政府为了治理产品的过度包装问题，制定了惩罚企业对产品过度包装的法律，鼓励消费者对产品过度包装问题进行举报。然而，多年来，产品过度包装问题一直大量存在，显得非常难以治理。显然，造成这种情况的根本原因，是企业之间对产品市场份额的激烈竞争。

根据式（10-6），参与竞争的企业数量 n 越大，竞争努力水平均衡点越低，因此，可以通过增加参与竞争的企业数量来降低竞争努力水平，即降低过度包装的程度，从而使过度包装行为得到抑制。因此，式（10-6）提供了解决问题的另一思路，即如果发现哪个领域的产品过度包装问题严重，就应当在该领域内破除寡头竞争的状态，引入大量中小企业参与竞争，使企业通过提高包装水平争到的市场份额都变得较小，也就是使企业通过提高包装水平得到的附加利润变小，这样这些企业对产品进行过度包装就没有兴趣。这个结论对治理企业之间的其他恶性竞争行为（如恶意降价等）同样有效，可以通过引入大量的竞争参与者来进入存在恶性竞争的领域，这样就可以使恶性竞争行为的回报变小，企业就不会再对恶性竞争行为感兴趣。

10.3　同步竞争模型与无谓成本

10.3.1　同步竞争时的个体竞争努力水平均衡点

同步竞争，指全部个体的竞争努力水平必须同步变化情况下的竞争。

出现同步竞争的条件，是有第三方权威力量存在。这种权威力量能够完全控制 n 个个体的竞争努力水平，使其都必须以同步变化的竞争努力水平参与竞争。即在竞争过程中的任何阶段、任时刻，所有竞争参与者的竞争努力水平都相同：$e_1 = e_2 = \cdots = e_i = \cdots = e_n$。这时，个体 i 的竞争行为效用函数由式（10-3）变为

$$u_i = \frac{e_i}{\sum\limits_{j=1}^{n} e_j} r_0 - e_i = \frac{e_i}{ne_i} r_0 - e_i = \frac{r_0}{n} - e_i$$

即

$$u_i = \frac{r_0}{n} - e_i \qquad (10\text{-}8)$$

显然，在 $0 \leqslant e_i$ 的规定下，当 $e_i = 0$ 时，u_i 取得最大值。即同步竞争时的个体竞争努力水平均衡点为式（10-9），竞争参与者的竞争行为效用为式（10-10）。

$$e_i^* = 0 \qquad (10\text{-}9)$$

$$u_i = \frac{r_0}{n} \qquad (10\text{-}10)$$

这就是说，在同步竞争的条件下，竞争标的物总是以 $\frac{1}{n}$ 的比例（当竞争标的物可分割时）或者以 $\frac{1}{n}$ 的概率（当竞争标的物不可分割时）分配给每一个个体，因此，实际上与大家的竞争努力水平无关。在这样的情况下，使个体竞争行为效用最大的竞争最优努力水平当然是 0，即不采取任何竞争行为，因为这时竞争行为不能带来行为回报，但却产生行为成本。

10.3.2　同步竞争中的无谓成本

现在来比较对称竞争与同步竞争的效用差异。

比较两者在竞争努力水平均衡时的个体竞争行为效用，即式（10-7）与式（10-10）。

$$\frac{r_0}{n} > \frac{r_0}{n^2}\ (n>1)$$

所以，同步竞争情况下个体的竞争行为效用要高于在对称竞争情况下的个体竞争行为效用。

造成这种差异的，主要是对称竞争与同步竞争的实现过程不同。

在对称竞争中，各个竞争参与者的竞争能力是一样的，但其在竞争过程中表现的竞争努力水平可能会各有不同。但由于竞争参与者都是同质的，最后在均衡时，各个个体的竞争努力水平一定是相同的。

对同步竞争来说，在竞争过程中每一个竞争参与者的竞争努力水平都完全一样，这是一种比对称竞争更强的"努力水平相同"条件。对称竞争只是在竞争过程的最终均衡点上各个个体的竞争努力水平相同，而同步竞争则要求自始至终各个个体的竞争努力水平都是相同的，当然在竞争过程最终均衡点上各个个体的竞争努力水平也是相同的。

同步竞争的这种"竞争过程中竞争努力水平相同"，意味着大家的竞争行为都是可控的，还意味着有一个公平的权威管理者。这个管理者可以通过对大家的竞争努力水平的限制来实现如下两点：

一是使所有竞争参与者的竞争行为效用都相同（当参与竞争的各个个体都是同质的时候）；

二是使每一个竞争参与者都实现竞争行为效用最大化。

另外，从式（10-9）中可以看出，在同步竞争的情况下，个体竞争行为效用最大化的点是 $e_i^* = 0$，即如果竞争行为完全可控到同步竞争的状态，从竞争参与者的竞争行为效用最大化角度出发，就应当彻底制止竞争行为。

这个结论的意义在于，在许多同质个体（即这些个体的竞争力恰好势均力敌）之间出现竞争时，常常只会导致大家白白地付出竞争行为成本 $c_i = e_i$，使得原本可以不用竞争就可得到的竞争标的物变成只有通过竞争才能得到。这就如同在夜晚看露天电影时，观众们用"站得更高看得更清楚"的行为进行竞争的结果，就是使本来可以坐着看的电影，变成了只有站立着才能观看的电影。其他如包装竞争和军备竞争等无一不是如此。这就是不良竞争中的无谓成本。汉语中的成语"两败俱伤"说的其实就是这种情况。

10.4　对不良竞争的管制——带有警察的竞争制度

竞争制度的产生，主要来自两个方面：一是为了提高被管理者的努力水平而有意设计的；二是由于各种客观因素自发产生的。

自发产生的竞争中，有一些为不良竞争，它们能够强化不良行为从而具有一定的危害性。为此，在人类社会中也存在一些为治理不良行为而设计出来的制度，带有警察的竞争制度就是典型的这类制度。

这里所说的"警察"，不是指社会职业，而是制度结构中一种抽象的角色，指同时满足如下三个条件的第三方个体：

一是他是不参与竞争的第三方个体，且与任何竞争参与者都没有特殊利益关系。

二是他以所有竞争参与者利益的总和为自己的利益。

三是他具有对竞争参与者的不良竞争行为进行惩罚的能力。

10.4.1　带有警察的竞争制度的概念及孙氏图

1. 带有警察的竞争制度的概念

带有警察的竞争制度是为了降低不良竞争努力水平而设计的制度。

在管理实践中，不良竞争会危害群体利益，因此，常常有"警察"类型的机构或职业，其通常允许轻微的竞争行为但不允许过分地竞争，以此来防止不良竞争带来危害。例如，观众在电影院观看电影时，场内的服务员常常充当维护正常秩序的"警察"：观众可以伸长脖子观看但不能站立起来影响他人；工商管理部门实际上也是管理企业竞争行为的"警察"：他们允许企业对产品进行正常包装但不允许企业对产品进行过度包装；公安部门的民警则是财产安全竞争的"真正的警察"：他们允许居民关好门窗以防止窃贼进入家里但不允许居民持有枪支。正是由于这些"警察"的有效管理，社会才能长期稳定在一种有一定竞争但又不竞争过度的状态中。

从孙氏图的角度来看，带有警察的竞争制度的主要特点，是对竞争行为增加了一个带有观测器的抑制器，这个增加部分即是所谓的"警察"。这个抑制器对竞争努力水平的反应特性为当竞争努力水平超过一定强度时，就对行为者产生一种负回报，并且负回报的强度随着竞争努力水平的提高而提高。这样，个体的竞争行为就会受到抑制，被限制在一定水平内。

2. 带有警察的竞争制度的孙氏图

带有警察的竞争制度的孙氏图如图 10-2 所示。

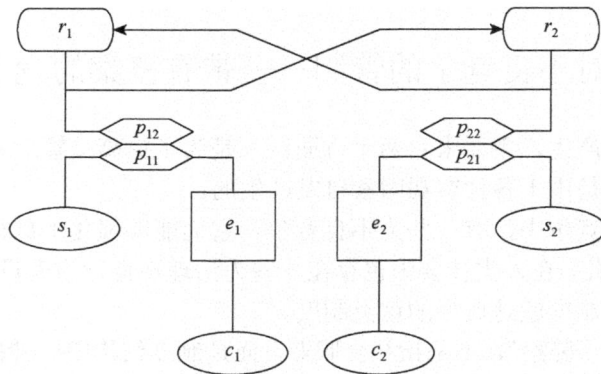

图 10-2　带有警察的竞争制度的孙氏图（双个体）

该图为双个体竞争的特例。其中，由 e_1 出发的线指向"警察"的观测器 p_1，表示当个体 1 的竞争努力水平 e_1 超过"警察"的允许限度时，"警察"以概率 p_{11} 发现其不良竞争行为，如果发现则给予负回报 s_1 来抑制该行为。例如，在电影院中把违反规定的观众赶出现场，对那些对产品进行过度包装的企业进行罚款，等等。同时，不良竞争行为以 $p_{12} = 1 - p_{11}$ 的概率没有被"警察"发现，则会得到行为回报 r_1，同时会使 e_2 的行为回报 r_2 变小。同样，由 e_2 出发的线指向"警察"的观测器 p_2，表示当个体 2 的竞争努力水平 e_2 超过"警察"的允许限度时，"警察"以概率 p_{21} 发现其不良竞争行为，如果发现则给予负回报 s_2 来抑制该行为。同时，不良竞争行为以 $p_{22} = 1 - p_{21}$ 的概率没有被"警察"发现，则会得到行为回报 r_2，同时会使 e_1 的行为回报 r_1 变小。

10.4.2　均衡模型与个体竞争努力水平的均衡点

1. 警察函数

警察函数表示当个体 i 的不良竞争行为被警察观测到后，个体受到惩罚的力度。本书假设警察函数为个体竞争努力水平的分段线性函数，即

$$s_i = \begin{cases} ke_i, e_i \geq l \\ 0, e_i < l \end{cases} \qquad （10-11）$$

式中，$s_i > 0$，为警察对个体 i 的惩罚；$e_i > 0$，为个体 i 的竞争努力水平；$l > 0$，为警察所允许的竞争努力水平限度；$k > 0$，为警察对竞争努力水平的惩罚率。

2. 竞争行为回报函数

竞争行为回报函数是个体 i 的不良竞争行为没有受到警察惩罚时，个体通过

其不良竞争行为得到的正回报。本书假设竞争行为回报函数仍然采用式（10-1）的形式：

$$r_i = \frac{e_i}{\sum_{j=1}^{n} e_j} r_0$$

3. 竞争行为成本函数

带有警察的竞争制度下的竞争行为成本，仍然采用式（10-2），即个体 i 的竞争行为成本为

$$c_i = e_i$$

4. 带有警察的竞争制度下的竞争行为效用函数

带有警察的竞争制度下的个体 i 的竞争行为效用函数分为两种情况。

当 $e_i < l$ 时，竞争行为效用函数与式（10-3）相同，即

$$u_i = \frac{e_i}{\sum_{j=1}^{n} e_j} r_0 - e_i$$

当 $e_i \geq l$ 时，竞争行为效用函数为式（10-12），读者需要注意，不良竞争行为被警察观测到的概率为 p_{i1}，没有被观测到的概率为 $1 - p_{i1}$：

$$u_i = (1 - p_{i1})r_i - p_{i1}s_i - c_i = (1 - p_{i1})\frac{e_i}{\sum_{j=1}^{n} e_j} r_0 - p_{i1}ke_i - e_i = (1 - p_{i1})\frac{e_i}{\sum_{j=1}^{n} e_j} r_0 - (p_{i1}k + 1)e_i$$

即：

$$u_i = (1 - p_{i1})\frac{e_i}{\sum_{j=1}^{n} e_j} r_0 - (p_{i1}k + 1)e_i \tag{10-12}$$

5. 个体竞争努力水平均衡点

由竞争行为效用函数对竞争努力水平 e_i 求偏导，并令其为 0，有

$$\frac{\partial r_i}{\partial e_i} = (1 - p_{i1})\frac{\sum_{j=1}^{n} e_j - e_i}{(\sum_{j=1}^{n} e_j)^2} r_0 - (p_{i1}k + 1) = 0 , \quad 即$$

$$r_0(1 - p_{i1})(\sum_{j=1}^{n} e_j - e_i) = (p_{i1}k + 1)(\sum_{j=1}^{n} e_j)^2 。$$

其中，$(\sum_{j=1}^{n}e_j)^2 = (e_i + \sum_{j\neq i}e_j)^2$，$r_0(\sum_{j=1}^{n}e_j - e_i) = r_0\sum_{j\neq i}e_j$。因此，有

$r_0(1-p_{i1})\sum_{j\neq i}e_j = (p_{i1}k+1)(e_i + \sum_{j\neq i}e_j)^2$，解得个体 i 的努力水平均衡点为

$$e_i^* = \sqrt{\frac{r_0(1-p_{i1})\sum_{j\neq i}e_j}{(p_{i1}k+1)}} - \sum_{j\neq i}e_j \qquad （10-13）$$

即如果个体为完全理性人，则其努力水平将会均衡在式（10-13）所决定的水平上。

比较式（10-13）与式（10-4）（即 $e_i^* = \sqrt{r_0\sum_{j\neq i}e_j} - \sum_{j\neq i}e_j$），$1 \geqslant p_{i1} \geqslant 0$，

$1 \geqslant 1-p_{i1} \geqslant 0$，$r_0(1-p_{i1})\sum_{j\neq i}e_j \leqslant r_0\sum_{j\neq i}e_j$；$k>0$，$p_{i1}k \geqslant 0$，$p_{i1}k+1 \geqslant 1$，因此，

$$\sqrt{\frac{r_0(1-p_{i1})\sum_{j\neq i}e_j}{(p_{i1}k+1)}} - \sum_{j\neq i}e_j \leqslant \sqrt{r_0\sum_{j\neq i}e_j} - \sum_{j\neq i}e_j \qquad （10-14）$$

即带有警察的竞争制度下的个体竞争努力水平要低于单纯的竞争制度下的个体竞争努力水平。

观察式（10-14）可以发现，只有当 $p_{i1}=0$ 时即警察对不良竞争行为的观测能力为 0 时，带有警察的竞争制度下的个体竞争努力水平与单纯的竞争制度下的个体竞争努力水平才会相等。其实，如果 $p_{i1}=0$，则意味着警察对任何不良竞争行为都不进行惩罚，警察完全不起作用。这时，带有警察的竞争制度已经退化为单纯的竞争制度，两者的均衡点相同是必然的。

10.4.3　重要结论——警察的社会意义

由上述分析可以看出，警察的意义不仅限于传统观念所理解的"维护社会秩序"，还起着抑制个体之间的不良竞争从而使个体之间的竞争努力水平均衡点不至于离帕累托最优过远的作用。在管理实践中，带有警察的竞争制度应用相当广泛，这也说明了这种制度的重要意义。

习　　题

1. 竞争制度是一种基本的福利分配制度，其特点是什么？
2. 在竞争制度中，竞争标的物可分为两类，分别是什么类型？
3. 请画出竞争制度的孙氏图。

4. 写出在竞争制度下个体竞争努力水平的均衡点公式。

5. 影响个体竞争努力水平均衡点的因素有哪些？

6. 什么是对称竞争？

7. 对称竞争情况下，竞争个体数量对竞争行为强度有哪些影响？

8. 什么是带有警察的竞争制度？请画出带有警察的竞争制度的孙氏图？

9. 在竞争制度中，警察的作用是什么？

参 考 文 献

谌旭彬（责编）. 2013. 台湾"白色恐怖"到底有多恐怖. http://view.news.qq.com/ zt2013/bskb/ index.htm. [2013-07-17].

段世文. 1998-12-16. 电脑锁定"窃煤黑手"[N]. 新民晚报, 第7版.

高芳. 2011-03-30. 明朝如何防豆腐渣工程[N]. 健康导报, 第2版.

马维辉. 2014-02-15. "以奖代补"治理大气污染, 百亿"环保红包"怎么分[N]. 华夏时报, 第7版.

倪方六. 2012-06-08. 古代是如何防范考试作弊的[N]. 北京晚报, 五色土副刊.

谭剑. 1998-08-16. "土发明"斗洪魔显示威力[N]. 新民晚报, 第2版.

王兴康. 2004. 分粥故事的启示[J]. 杭州金融研修学院学报, （1）: 54.

叶克林. 2001. 企业家期权报酬制度的经验、理论与政策选择[J]. 学海, （1）: 57-64.

叶祝颐. 2013-02-04. 中央与地方GDP"打架"何时了[N]. 中国青年报, 第5版.

张程. 2010. 揭秘清朝内务府: 中国古代油水最肥的部门. 凤凰网读书. http://book.ifeng.com/ shuzhai/detail_2010_05/15/1520542_2.shtml. [2010-05-15].

周丰. 2006. 我国古代接受举报的形式. 青岛新闻网. http://www.qingdaonews.com/content/ 2006-08/22/content_7499149.htm.[2006-08-22].